AF324811

à Paris, chez Maurice Schlesinger, rue de Richelieu, N.º 97.

Berlin ch. A. L. Schlesinger

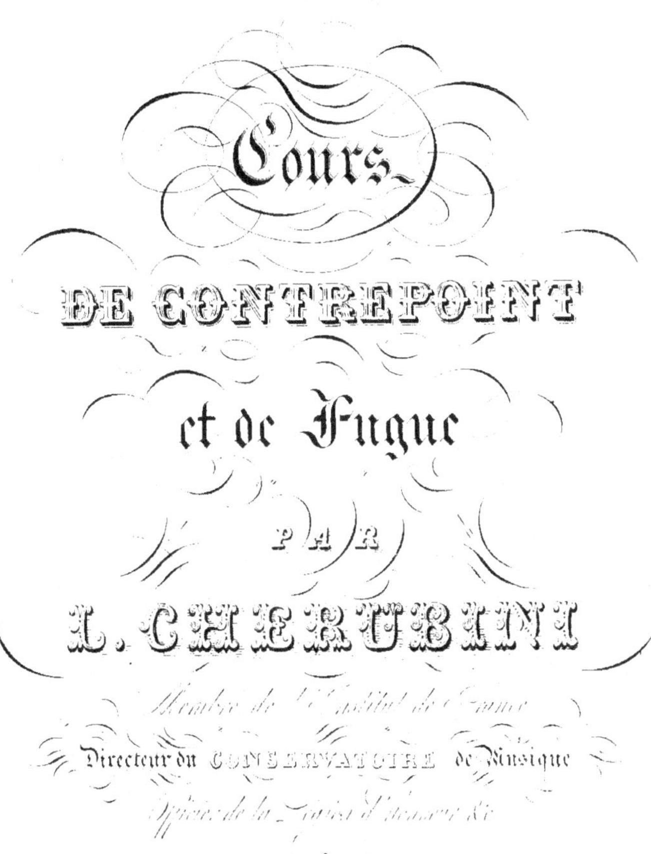

Cet Ouvrage est adopté pour l'Enseignement
dans les Classes du Conservatoire.

PARIS, chez MAURICE SCHLESINGER, Rue Richelieu, 97.
Leipsick, chez Kistner.

COURS DE CONTRE-POINT

ET FUGUE.

INTRODUCTION.

En commençant ce Cours, je suppose l'Élève déjà instruit dans la Théorie des accords et par conséquent de l'harmonie. Je lui fais donc entreprendre sur le champ le CONTRE-POINT RIGOUREUX, non celui qui suivait la tonalité du Plain-chant et qu'ont pratiqué les anciens Compositeurs, mais le contre-point rigoureux moderne, c'est-à-dire suivant la tonalité actuelle, ce qui amenera l'Élève insensiblement à se rendre familier l'art de faire la Fugue, qui est le fondement de la composition. Il est nécessaire que l'Élève soit contraint de suivre des préceptes sévères, afin que par la suite composant dans un systême libre, il sache comment et pourquoi son génie, s'il en a, l'aura obligé de s'affranchir souvent de la rigueur des premieres règles. C'est en s'asservissant d'abord à la sévérité de ces règles qu'il saura ensuite éviter prudemment l'abus des licences; c'est avec ce travail aussi, qu'il pourra se former, dans le style convenable au genre fugué, et ce style est le plus difficile à acquérir. J'engage donc l'élève qui se destine à la composition, à lire, et même à copier le plus qu'il pourra, avec attention, et raisonnement, les ouvrages des Compositeurs classiques surtout, et quelquefois aussi ceux des Compositeurs médiocres, pour apprendre des premiers, comment il faut faire pour bien composer, et des autres, comment il faut éviter de donner dans le travers. Par ces observations fréquemment répetées, l'élève en s'habituant à exercer l'oreille par la vue, se formera progressivement le style, le sentiment et le goût.

Le jeune compositeur, qui aura suivi avec soin les instructions contenues dans ce cours d'étude, une fois parvenu à la fugue, n'aura plus besoin de leçons, il pourra écrire avec pureté dans tous les styles, et il lui sera facile en étudiant les formes des différens genres de composition, d'exprimer convenablement ses pensées et de produire l'effet qu'il désire.

NOTIONS PRÉLIMINAIRES.

DES *CONSONNANCES* QU'ON DOIT EMPLOYER DANS LE CONTRE-POINT RIGOUREUX.

Les anciens Compositeurs, depuis Gui d'Arezzo n'ont admis que deux consonnances PARFAITES l'8.^{ve} et la 5.te inalterée et deux consonnances IMPARFAITES la 3.^{ce} et la 6.te.

Les premières sont appellées parfaites parcequ'elles sont inalterables.

Les secondes sont nommées imparfaites, parcequ'elles sont sujettes à être alterées c'est-à-dire qu'elles peuvent être ou majeures, ou mineures.

DES *DISSONNANCES* À EMPLOYER DANS LE CONTRE-POINT RIGOUREUX.

Les Dissonnances sont la 2.de la 4.te la 7.me et la 9.me Ces dissonnances ne peuvent s'employer que préparées par une consonnance, et résolues par une autre, à moins qu'elles ne soient passagères, ce dont nous parlerons plus loin.

La Quinte diminuée, et la Quarte augmentée ou Triton ont été rejettées par les anciens; on ne doit donc les employer dans le contre-point rigoureux que comme dissonnances passagères.

OBSERVATION.   Je répèterai une fois pour toutes, qu'en disant contre-point rigoureux moderne je n'ai entendu appliquer ce dernier mot qu'à la Tonalité, mais que, quant aux accords, j'ai employé seulement ceux qu'on rencontre dans les anciens auteurs, c'est-a-dire, l'accord de tierce et quinte, celui de tierce et sixte, et les dissonnances que nous venons de mentionner. Ce n'est qu'en traitant la fugue, que l'Élève pourra se donner plus de latitude.

DES DIVERS MOUVEMENTS.

Par le mot MOUVEMENT on entend définir la marche progressive d'un son à un autre son. soit mélodiquement dans une seule partie, soit harmoniquement ou plusieurs parties à la fois.

Mélodiquement, on appelle MOUVEMENT CONJOINT une succession de sons procédant graduellement, ainsi:

On dit MOUVEMENT DISJOINT quand les sons se succèdent par intervalles.

Harmoniquement, on nomme mouvement DIRECT, DROIT, ou semblable la marche de deux ou de plusieurs parties montant ou descendant dans le même sens.

Le MOUVEMENT CONTRAIRE a lieu, lorsqu'une partie monte tandis que l'autre descend.

Lorsqu'une ou plusieurs parties montent ou descendent, tandis qu'une ou plusieurs autres parties restent immobiles, le mouvement est OBLIQUE.

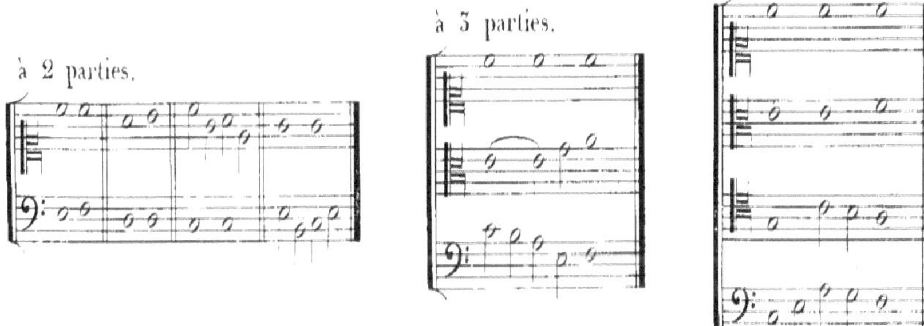

Le plus élégant de ces trois mouvemens est le mouvement contraire; le mouvement oblique tient le second rang; on doit se servir très peu du mouvement direct, parcequ'il amène des inconveniens qu'on fera voir par la suite.

Nous ajouterons ici, que dans toutes les espèces de Contrepoints dont nous allons parler, ainsi que dans la Fugue, l'Elève doit écrire pour des voix et non pour des instrumens. Il doit donc se conformer à l'étendue naturelle des différents genres de voix. Il y trouvera l'avantage d'apprendre à produire des effets avec les voix seules, étude difficile et peut-être trop négligée, et il se trouvera ensuite bien plus à l'aise, lorsqu'il écrira pour des instruments, et que par conséquent, il ne sera plus obligé de se renfermer dans les limites des voix

CONTRE-POINT À DEUX PARTIES

Le contre point à deux parties est le plus rigoureux, soit dans l'ancien système, soit dans le système moderne. La raison en est simple; moins on a de difficultés à vaincre, plus les regles sont sévères. Deux seules parties n'offrent pas autant d'entraves. qu'un plus grand nombre de parties marchant ensemble; de manière que la rigueur de ce genre de composition diminue à mesure que la quantité des parties augmente.

PREMIERE ESPÈCE ———— NOTE CONTRE NOTE

RÈGLE Ire

Il faut commencer par une consonnance parfaite, et terminer de même; de manière que la 1.re mesure peut être en 5.te ou en 8.^{ve} (ou UNISSON) et que la dernière mesure doit être simplement en 8.^{ve} ou en unisson. Nous ferons observer ici une fois pour toutes que par 5.te nous entendons aussi la douzième, par 8.^{ve} la quinzième, suivant les distances relatives des voix que l'on emploie: il est clair qu'il en est de même pour tous les intervalles qui peuvent être doublés ou même triplés.

Première mesure. ... Dernière mesure.

$$5 \quad ou \quad 8 \quad ou \quad 8 \quad ou \quad unisson. \quad 8 \quad ou \quad 8 \quad ou \quad unisson.$$

RÈGLE IIme

Les parties doivent marcher toujours par consonnances, en tâchant d'éviter l'unisson eccepté à la première et à la dernière mesure.

OBSERVATION. Le but principal, étant de produire de l'harmonie, l'unisson est défendu parcequ'il n'enproduit aucune. Il n'en est pas de même à l'égard de l'octave: quoique celle-ci soit à peu près dans le même cas que l'autre, la différence d'effet qui existe entre le grave et l'aigu, la rend moins nulle et plus harmonieuse que l'unisson.

RÈGLE IIIme

Il est permis quelquefois de faire passer la partie supérieure, audessous de la partie inférieure, en observant toutefois d'être toujours en consonnance, et de ne pas faire durer longtems ce moyen, qui est permis ou pour sortir d'un cas embarassant, ou pour bien faire chanter les parties puisque, comme nous venons de le dire, l'élève doit écrire pour des voix.

Les + indiquent les endroits où la partie supérieure passe sous la partie inférieure. Je ne saurais assez cependant recommander de n'employer ce moyen qu'avec reserve.

On ne doit jamais faire succéder plusieurs consonnances parfaites de la même déno-mination. à telle élévation que ce soit. Par conséquent deux quintes et deux octaves de suite sont défendues.

Cette défense est applicable à toute sorte de composition rigoureuse, à deux parties, comme à plusieurs.

OBSERVATION. Une suite d'octaves rend l'harmonie presque nulle. une suite de quintes forme discordance, parceque la partie superieure marche dans un ton, en même tems que la partie inférieure marche dans un autre.

Par exemple, si à la gamme d'UT on ajoute une partie supérieure qui fasse entendre la quinte inaltérée à chaque mesure, ainsi:

Il en résultera, qu'une partie sera en UT, tandis que l'autre sera en SOL. C'est de ce double concours de mode, que naît la discordance et par conséquent la défense d'employer plusieurs quintes de suite, quand même le mouvement des parties aulieu d'être conjoint, se-rait disjoint, la discordance n'en existerait pas moins.

Voilà l'un des inconveniens du mouvement direct, que nous avons promis plus haut, de faire appercevoir.

Les quintes de suite ont été, et sont encore tolerées par mouvement contraire parceque si elles sont de la même nature le mouvement les fait changer d'espèce.

Par cet exemple on voit que l'une est une Douzième, et que l'autre est une Quinte. ce qui change la thèse. Cependant, il est défendu d'user de cette permission dans le contre-point à deux parties, surtout note contre note; ce moyen est toleré dans les parties du milieu en composant à quatre voix lorsqu'on est dans l'embarras de bien faire marcher les parties.

L'élève pourra rencontrer dans des ouvrages de composition libre, c'est-à-dire dans les opéras, les symphonies, etc, des quintes de suite, mais ces licences ne sont tolerées que dans ce genre de composition.

RÈGLE V.[me]

Il est interdit de passer à une consonnance parfaite par mouvement direct, excepté lorsqu'une des deux parties procède par DEMI TON. Cette exception est tolerée.

EXEMPLE I.

Mouvemens défendus

EXEMPLE II.

Mouvement toleré,

parceque l'une des deux

parties marche par DEMI TON.

Les mouvemens du 1.er Exemple sont défendus, parcequ'en supposant qu'on remplisse les distances formées par les intervalles, avec des notes de moindre valeur en montant ou en descendant, il en résulterait ou deux 5.tes, ou deux 8.[ves], c'est ce qu'on appelle deux 5.tes ou deux 8.[ves] cachées.

EXEMPLE AVEC DES INTERVALLES REMPLIS PAR DES NOIRES.

&c.

OBSERVATION.   Cette règle semble d'abord mal fondée, car l'intervention des noires n'étant pas écrite par le
compositeur, les deux quintes ou les deux octaves n'existent pas sensiblement. Mais le chanteur peut
ajouter ces noires, et pour lors les deux quintes ou les deux octaves se font entendre clairement. les
anciens compositeurs pour parer à l'inconvenient qui résulterait de la permission inconsidérée que
peut se donner un chanteur, ont défendu d'aller à la consonnance parfaite par mouvement direct.
la règle de se servir préférablement du mouvement contraire est donc excellente, puisqu'elle préserve
de tomber dans l'inconvenient, même caché, dont le mouvement direct est la cause. cette règle fait
encore voir un inconvenient de plus occasionné par le mouvement direct.

Quant au mouvement toleré, indiqué à l'Exemple II, le cas est différent, car en remplissant
de même par des noires les espaces marqués par les intervalles, il en résulte à la verité deux 5.tes,
mais l'une est DIMINUÉE et l'autre JUSTE.

EXEMPLE II. AVEC DES NOIRES.

Les deux 5.tes sont tolerées parcequ'elles ne sont point de même nature, et que la discordance dont nous avons parlé, qui résulte des quintes inalterées de suite, n'a plus lieu dans le cas présent. Les vieux compositeurs ont cependant évité ce moyen dans le contre-point à deux parties: ce n'est que dans la composition à plusieurs voix, qu'ils l'ont pratiqué dans l'une des parties du milieu, pour sortir de quelque endroit embarassant.

RÈGLE VIme

Tous les mouvements doivent être Diatoniques ou Naturels, pour ce qui concerne la mélodie; et le mouvement conjoint convient mieux au style du contre-point, rigoureux que le mouvement disjoint. D'après cela les mouvements de SECONDE MAJEURE et MINEURE, de TIERCE MAJEURE et MINEURE, de QUARTE INALTERÉE, de QUINTE INALTERÉE, de SIXTE MINEURE et d'OCTAVE, sont permis tant en montant qu'en descendant. Les mouvements de QUARTE AUGMENTÉE, OU TRITON, de QUINTE DIMINUÉE, et de SEPTIEME MAJEURE et MINEURE, sont expressément défendus tant en montant qu'en descendant.

OBSERVATION. Cette règle est fort sage, et les anciens maîtres avaient d'autant plus de raison de s'y conformer, qu'ils écrivaient pour des voix seules, sans accompagnement; ils obtenaient ainsi une mélodie facile et correcte; les intervalles, ou les mouvements défendus, l'auraient rendue difficile à entonner. —— Du reste on s'est beaucoup éloigné de cette règle dans les compositions modernes.

Quant aux mouvements qui doivent être employés à l'égard d'une partie respectivement à l'autre, c'est comme nous l'avons déja dit, le mouvement CONTRAIRE qui doit être préféré à l'OBLIQUE, et celui-ci au DIRECT; on doit employer très peu ce dernier, car en observant même toutes les règles qui sont faites pour parer aux inconveniens qui en naissent, si on l'employait beaucoup, on tomberait dans un autre inconvenient qui ne serait pas contre les règles, mais contre le gout, le style, et la variété des consonnances; puisque par ce mouvement on aurait une longue suite de tierces, ou de sixtes, ce qui deviendrait trop stéril et monotone.

Cet exemple offre partout les mêmes consonnances, le même mouvement, et par conséquent toujours le même effet.

OBSERVATION. On peut faire jusqu'à trois tierces, ou trois sixtes de suite tout au plus; aller au delà de ce nombre serait tomber dans les défauts précités.

RÈGLE VIIme

On doit éviter toujours entre les parties la fausse relation d'octave, et celle de TRITON, ces deux relations sont d'un effet dur à l'oreille surtout celle de l'octave.

OBSERVATIONS.

Relation, signifie le rapport immédiat qu'ont entre eux, deux sons, successifs ou simultanés. Ce rapport est considéré d'après la nature de l'intervalle formé par les deux sons, de manière que la relation est juste quand l'intervalle est juste; elle est fausse lorsqu'il y a altération augmentée ou diminuée. Parmi les fausses relations on ne compte comme telles dans l'harmonie, que celles dont les deux sons ne peuvent appartenir également au ton dans lequel on est. L'octave diminuée, ou augmentée est une fausse relation en mélodie comme en harmonie, de quelque manière que l'on s'en serve. On peut atténuer l'effet désagréable qu'elle produit, mais non le détruire entièrement. Il est donc défendu d'employer ce mouvement en mélodie.

Fausses relations d'8.^{ve} diminuée et d'8.^{ve} augmentée.

En harmonie, l'usage de ces octaves frappées simultanément et prolongées quelque tems est impraticable.

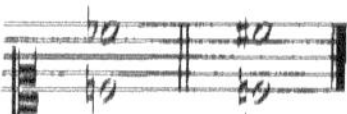

Il y a des compositeurs modernes qui se permettent cependant de l'employer de la manière suivante.

Ils ne considèrent pour lors l'Ut ♭ et l'Ut ♯ que comme des altérations passagères, et comme des notes de peu de valeur frappées dans le tems faible de la mesure. C'est une très grande licence qui n'est à peine tolérée que dans un genre de composition fort libre, mais on doit la rejetter dans le contre-point rigoureux. Il existe un autre cas, dans lequel on peut encourir la fausse relation d'octave dans l'harmonie, entre deux accords différents; la voici:

EXEMPLE I.   EXEMPLE II.

L'Ut naturel du 1.er Ex: placé dans le premier accord à la partie supérieure, est discordant avec l'Ut ♯ placé dans le second accord à la partie inférieure. Si l'on consulte à ce sujet le sens de l'ouïe, on conviendra que rien ne peut détruire en ce cas, l'impression que l'oreille a reçu du son d'Ut naturel, parcequ'elle dure encore au moment où le son d'Ut ♯ vient la frapper, ce qui produit à peu près le même effet que si ces deux sons étaient simultanés. Si l'on consulte la raison à son tour, on concluera que la discordance de ces deux sons dérive de leur incohérence, et du faux rapport qui existe entre eux, puisque l'Ut naturel et l'Ut ♯ appartiennent chacun à deux modes différents, et que les accords qui les renferment séparément, ne peuvent pas se succeder l'un à l'autre disposés tels qu'ils sont disposés ici; à moins que d'autres accords intermédiaires et relatifs en les liant ensemble, ne fassent disparaitre la fausse relation. Ce que je viens de dire par rapport au premier Exemple doit être appliqué à l'Ex: II.

Pour rendre l'effet moins dur dans la succession de ces deux accords, puisqu'il est impossible de le détruire entierement, il faut tâcher de trouver un moyen atténuant sans employer d'autres accords. Le moyen est simple; il faut faire ensorte que la partie qui a frappé l'Ut naturel fasse entendre ensuite l'Ut altéré.

EXEMPLES.

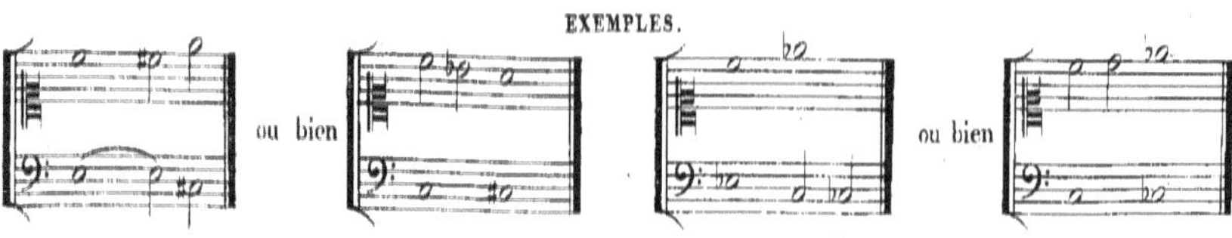

ou bien   ou bien

Par ces moyens simples, et d'autres expédients à peu près pareils, on parviendra à atténuer ou faire en quelque sorte disparaître l'impression désagréable de cette relation, parceque l'oreille n'étant plus pour lors blessée aussi immédiatement qu'elle l'était, s'habitue par dégré à recevoir l'impression de la fausse relation. Cependant dans les études du contre-point rigoureux moderne, il faudra éviter autant que possible ce mouvement chromatique.

Le *Triton* est dans la mélodie toujours une fausse relation, outre qu'il est un mouvement défendu (Voyez la Règle 6.)

Cet intervalle produit aussi une fausse relation en harmonie surtout à deux parties dans le contre-point de la première espèce lorsqu'on dispose ces parties de façon à ce que cet intervalle soit à découvert.

Cet intervalle est à découvert dans le cas, ou les deux sons dont il est composé se font entendre l'un après l'autre dans les deux parties, et que les accords qui les renferment ne peuvent appartenir au même ton, soit par leur nature soit par leur manière de se succeder.

EXEMPLE.

Il faut chercher à éviter tout à fait ces sortes de relations, dans le contre-point à deux voix surtout, et si l'on ne peut les éviter, tâcher dumoins de les masquer, en disposant la partie qui fait le contre-point, de manière à ce que l'un des deux sons qui forment le Triton se trouve supprimé, soit qu'on change, ou que l'on conserve les mêmes accords.

EXEMPLE.

A l'aide de ces corrections, la relation est en partie, ou tout à fait éclipsée. Dans les autres espèces de contre-point, comme on le verra, il est plus aisé que dans celle-ci d'éviter la fausse relation de Triton.

Il reste maintenant à démontrer comment et pourquoi le Triton est une fausse relation en harmonie. Ce que je vais dire sert également pour le contre-point à deux, comme pour celui à plusieurs parties, et je place ici cette démonstration pour n'être plus obligé par la suite, d'en parler d'une manière aussi détaillée.

Pour expliquer donc la cause de cette fausse relation, je prends l'accord parfait majeur de *Sol*, et je fais succéder immédiatement celui de *Fa* également parfait majeur.

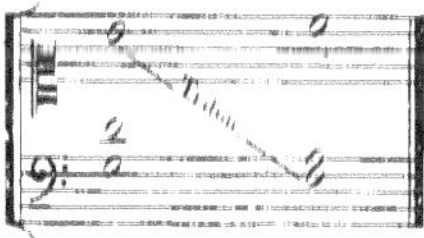

La succession de ces deux accords fait naître à l'instant la fausse relation de Triton.

1.º Parceque le premier accord, en supposant qu'il soit considéré comme appartenant au ton d'*Ut* tend naturellement à aller à la tonique ou au relatif mineur *La*, et non à la sous-dominante.

2.ᵈᵒ En supposant d'un autre coté que ce même accord appartienne au mode de *Sol*, l'accord de *Fa* naturel qui suit, lui devient étranger puisqu'il faudrait que le *Fa* fut ♯ pour que l'analogie entre ces deux accords éxistât et qu'en outre ce *Fa* ♯ devrait porter l'accord de Sixte.

3.º Par la même raison, si l'on considerait le second accord comme appartenant au ton d'*Ut*, ou au ton de *Fa*, dans la première hipothèse il demanderait à être suivi et non précédé de l'accord de *Sol*, et dans le second cas le *Si* naturel de l'accord de *Sol*, lui devient nécessairement et évidemment étranger, car par analogie ce *Si* devrait être bémol. Ainsi donc le *Fa* et le *Si* étant en contradiction ouverte l'un par l'autre, et l'un avec l'autre, la relation qui en résulte est fausse.

Par conséquent toutes les successions d'accords, dont l'une renfermerait un *Fa* et l'autre un *Si, et vice versa* ameneront indubitablement la fausse relation de *Triton*. Voici une suite d'accords, qui donnent toujours cette relation et qui produisent par conséquent un effet tres dur.

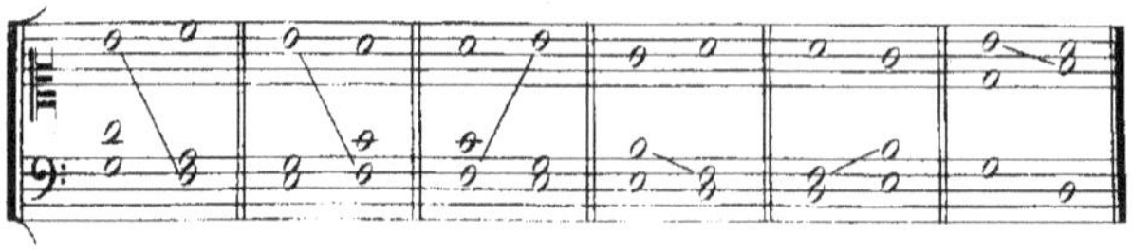

RÈGLE VIII.ᵐᵉ

Excepté à la première, et à la dernière mesure, on doit dans le cours de la composition, employer tant qu'on le peut les consonnances imparfaites de préférence aux parfaites. Le but de cette règle est de produire de l'harmonie par le moyen des consonnances imparfaites, qui sont plus harmonieuses que les autres. Cependant l'usage de beaucoup de consonnances imparfaites de la même dénomination entrainerait dans l'abus que j'ai fait appercevoir à la règle 6.ᵐᵉ ce qu'il faut éviter soigneusement. On doit donc savoir entremêler avec gout et discernement les consonnances parfaites et imparfaites pour donner de l'harmonie au contre-point.

EXEMPLES.

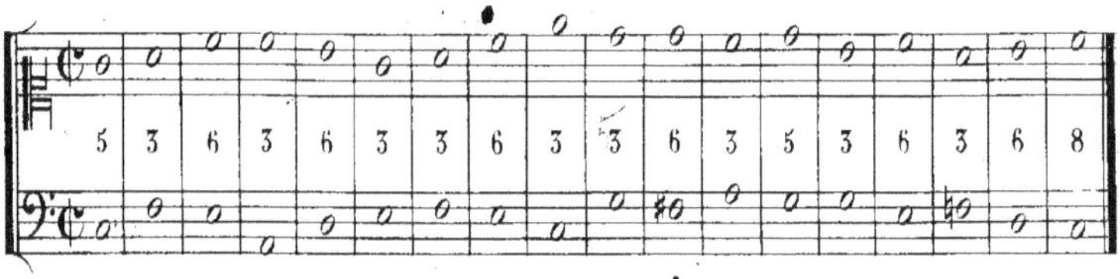

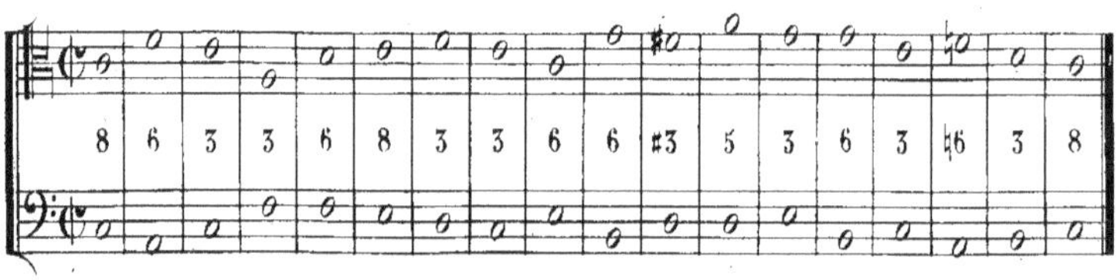

Ces exemples sont conformes aux règles du contre-point rigoureux de la première espèce. Les consonnances imparfaites sont employées avec variété et plus que les consonnances parfaites. Les mouvemens direct, contraire et oblique, sont bien ménagés; la fausse relation de triton est évitée: et la mélodie marche toujours diatoniquement d'une manière facile et élégante.

OBSERVATIONS.

Pour mettre en pratique toutes les règles que nous venons de donner, l'élève recevra de son professeur un *Chant*, qu'il placera d'abord à la basse, et sur le quel il composera autant de chants différents qu'il en pourra trouver, en employant tour-a-tour les voix de Soprano de Contr'alto et de Tenor. Il placera ensuite ce *Chant* à la partie supérieure, et composera plusieurs Basses.

Ce chant, que l'élève reçoit du professeur, se nomme *Chant donné* ou *Plain-chant*, la partie composée par l'élève se nomme *Contre-point*.

On trouvera à la fin de ce traité des *Chants donnés* variés, pour toutes les espèces, et qui donneront à l'élève les moyens d'employer toutes les ressources du contre-point.

En transportant le *Chant donné* dans la partie supérieure, l'élève devra employer la voix dans laquelle ce plain-chant sera le mieux placé, et quelquefois, il sera obligé de le transposer de ton, pour employer les différentes voix sans en outre-passer les limites.

Les deux dernières mesures du *Chant donné* devant toujours marcher de la seconde note du ton à la Tonique; par exemple pour le ton d'*Ut* il faut qu'à l'avant dernière mesure la partie qui fait le contre-point soit toujours en *Sixte majeure*, et la dernière mesure en *Octave*, si le chant donné est à la Basse; et s'il est au *Dessus*, l'avant dernière mesure de la partie du contre-point sera en *Tierce mineure*, et la dernière mesure en *Octave*. Voici l'exemple.

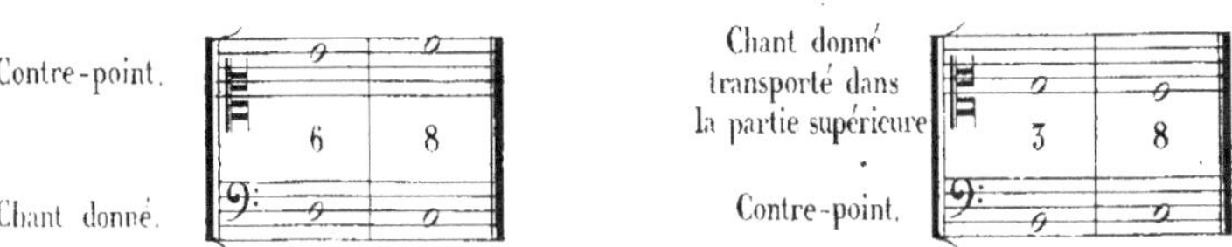

Avant de terminer la première espèce de contre-point, je vais dire un mot touchant les modulations, et mes observations sur ce sujet seront applicables à toute sorte de contre-point rigoureux.

On ne doit moduler dans un morceau quelconque, que dans les tons qu'offrent les sons de la gamme qui établit le mode.

Donnons d'abord la gamme d'ut mode majeur, on ne pourra moduler qu'en sol majeur, en la relatif mineur, en fa majeur et en re mineur, encore ne faut-il toucher qu'en passant le ton de fa parcequ'il affaiblit le ton principal à cause du si ♭ qui en détruit la note sensible, il faut traiter de même le ton de re par la même raison que le ton de fa, et de plus parcequ'il détruit la tonique, par l'ut ♯ qui est la sensible de ce ton. On peut moduler aussi en mi mineur, mais il ne faut pas non plus y rester, encore moins que dans les deux tons ci-dessus, à cause du fa ♯ et du re ♯ qu'il introduit avec lui. Le ton de si est proscrit parcequ'il n'a pas de 5te inaltérée.

Donnons maintenant la gamme de la mineur relatif d'ut. Il faut moduler d'abord en ut maj: et toucher en passant les tons de fa maj: et de re min: celui de mi mineur peut être prolongé. Le ton de si est proscrit dans ce mode par la même raison que dans le mode d'ut.

Toutes ces modulations sont naturelles et analogues au mode principal. C'est l'usage, et l'étude qui fournissent ensuite les moyens d'amener tous ces tons d'une manière douce et raisonnée.

CONTRE-POINT À DEUX PARTIES.

SECONDE ESPÈCE —— DEUX NOTES CONTRE UNE.

RÈGLE I.ʳᵉ

Dans cette espèce de contre-point, on doit placer deux Blanches sur chaque Ronde du chant donné, excepté à la dernière mesure ou l'on doit toujours mettre une Ronde contre une Ronde.

Le premier temps de la mesure qu'occupe une blanche, s'appelle TEMPS FORT; et le second temps occupé de même par une autre blanche, s'appelle TEMPS FAIBLE.

RÈGLE II.ᵐᵉ

Le TEMPS FORT doit être en consonnance, il est des cas ou l'on peut faire différemment, c'est-à-dire employer la dissonnance au TEMPS FORT, mais c'est dans les cas difficiles, soit pour éviter que le mouvement de la mélodie soit par trop disjoint, soit pour parer à d'autres inconvénients.

Le TEMPS FAIBLE peut comporter une consonnance, ou bien une dissonnance, pourvu que celle-ci se trouve entre deux consonnances, et que le mouvement de la mélodie soit conjoint. Pour lors cette dissonnance s'appelle PASSAGÈRE.

EXEMPLES.

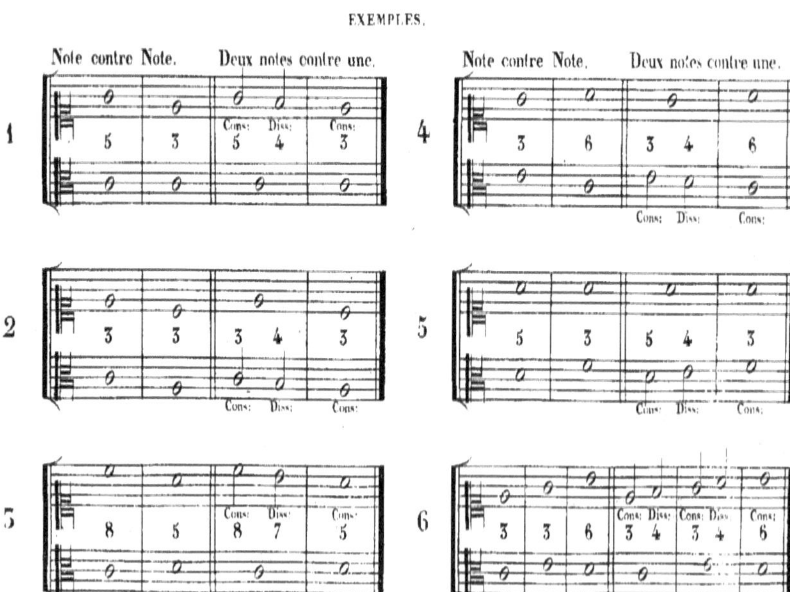

RÈGLE IIIme

Les TEMPS FORTS ne sont point soumis dans cette espèce à la règle 4.me de la première espèce, pourvu toute fois que l'infraction à la dite règle soit corrigée par le temps faible; je m'explique.

1.° Que les temps faibles frappent une autre consonnance.

2.° Qu'on passe du temps fort au temps faible par un intervalle plus grand qu'une Tierce.

3.° Qu'on procède enfin du temps fort au temps faible suivant par mouvement contraire.

ÉPREUVES.

Voyons maintenant si en remplissant les conditions prescrites, on peut sauver plusieurs Quintes de suite.

Faute selon la règle 4.° de la 1.° Espèce.

Suivant les conditions de la présente règle on ne peut arranger la mélodie que comme cela ....

Car il est défendu de faire de cette manière.

Il résulte donc de ces deux moyens, que les Quintes ne sont point sauvées; premièrement, parceque, dans la première épreuve, l'Unisson qui se trouve aux temps faibles, ne peut à cause de sa nullité, ni atténuer, ni détruire le sentiment de la Quinte qui le précède, ni de celle qui le suit; secondement, parceque, dans la seconde épreuve, l'intervalle de Tierce qui éxiste entre le temps fort et le temps faible, est trop petit, pour opérer l'effet qu'on souhaite.

Il est un moyen par le quel on peut sauver selon la règle plusieurs Quintes de suite, le voici:

Mais ce moyen est dur et hazardé, attendu que du premier temps faible au second temps fort il éxiste un mouvement défendu dans la mélodie par la règle 6.me de la première espèce. Cet expédient n'est donc propre qu'à sauver deux Quintes de suite seulement et pas plus; encore faut-il choisir les cas où la mélodie et l'harmonie ne pèchent contre aucune règle.

Examinons à présent si à la faveur des conditions prescrites on peut sauver plusieurs Octaves de suite.

ÉPREUVES.

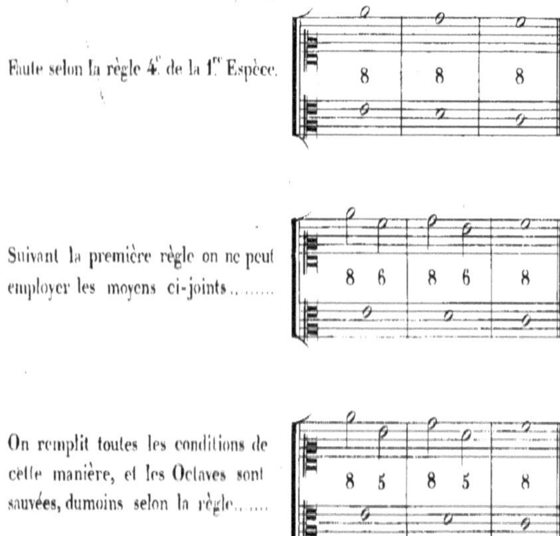

Cependant ce moyen n'est pas encore exempt de reproche, puisque pour sauver plusieurs Octaves, on amène deux Quintes dans les deux tems faibles qui se succèdent, et quoique tout ce qui se fait sur un tems faible ne soit pas regardé avec autant de rigueur, les deux Quintes qui s'y trouvent ne sont pas moins sensibles à l'oreille.

Les exemples suivans sont meilleurs, parcequ'ils n'offrent pas un pareil inconvénient, et qu'ils ne rachètent pas une faute par une autre.

J'observerai néanmoins, que cette façon de sauver soit deux Quintes, soit deux Octaves, à été regardée par les anciens rigoristes, comme une licence répréhensible, dans le contre-point à deux parties. Je suis du même avis, et je pense que deux tems forts de suite en Quinte ou en Octave, quelque soit la note intermédiaire qu'on place au tems faible, ne détruit pas totalement l'impression produite par les deux Quintes, ou par les deux Octaves, à moins cependant que le mouvement ne soit très lent, car pour lors chaque tems étant pris pour une mesure entière, les tems faibles peuvent être comptés par le sentiment, comme autant de tems forts. Le raisonnement toutefois est spécieux, et ne doit pas faire loi.

Je conclus donc que l'on ne doit user de la présente règle que lorsqu'on compose à plus de deux parties, ou bien ne l'employer dans cette espèce que très rarement, et pour se tirer de quelque cas embarrassant.

J'ai fait toutes ces remarques et ces épreuves au sujet des deux Quintes et des deux Octaves, moins pour prouver par mes exemples qu'on peut les sauver d'une manière positive, que pour démontrer la faiblesse de cette règle, que je regarde même comme ajoutée aux règles sévères des anciens auteurs classiques. Malgré sa faiblesse elle peut néanmoins être de quelque utilité.

RÈGLE IV.

Dans le contre-point de la présente espèce, on a la faculté de faire un seul accord à chaque mesure, ou d'en pratiquer deux. En conséquence, lorsqu'il s'agira d'un seul accord, il faut que chaque Blanche marque une consonnance différente, mais qu'elles appartiennent toutes deux au même accord.

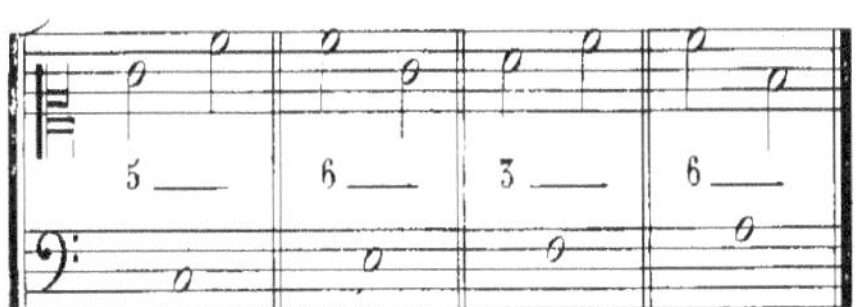

Et dans le cas de deux accords, le temps fort sera occupé par une consonnance appartenant à un accord, et le temps faible marquera à son tour une autre consonnance appartenant à un accord différent.

RÈGLE V.

À deux notes contre une, il est plus aisé d'éviter entièrement la fausse relation de TRITON, et cette facilité naît de la faculté qu'on a de partager la mesure en deux accords différents.

EXEMPLE.

Manière de l'éviter.

L'accord de $\frac{6}{3}$ placé entre les accords parfaits de MI et de FA suffit pour détruire l'effet de la fausse relation. L'exemple suivant offre de même un moyen semblable pour l'éviter.

EXEMPLE.

Manière de l'éviter.

RÈGLE VIme

Dans cette espèce de contre-point, soit que celui-ci se trouve dans la partie supérieure ou qu'il soit dans la partie inférieure, on peut, à la place du temps fort de la première mesure, mettre une demi pause au lieu d'une note, pourvu que le temps faible soit en consonnance parfaite.

Cette manière est plus élégante que si les deux parties commençaient en même tems.

RÈGLE VIIme

On permet dans la première espèce le mouvement disjoint de Sixte mineure; dans la seconde espèce, on ne doit l'employer que lorsque les parties par la nature et l'élévation du chant donné, se trouveraient trop rapprochées, et que l'on serait embarrassé pour les éloigner autrement que par ce mouvement. Il est permis de même dans des cas semblables, comme dans la première espèce, de croiser les parties, c'est-à-dire de faire passer une partie au dessus ou au dessous de l'autre.

Tous les autres mouvements permis dans la 1.re espèce, sont maintenus dans l'espèce présente.

OBSERVATION.   On défend en quelque sorte ici, le saut de Sixte mineure, parceque cet intervalle étant plus difficile à entonner que tous les autres intervalles permis, surtout en montant, il le devient encore davantage dans cette espèce, où l'on a des notes de moindre valeur, qui donnent moins de tems pour préparer l'intonation que les notes d'une valeur plus grande.

RÈGLE VIIIme

Lorsque le chant donné est dans la partie inférieure, et qu'il se termine en descendant de la seconde note du ton à la tonique (RE UT dans le ton d'UT) le contre-point à l'avant dernière mesure doit être (autant que possible) en QUINTE au TEMS FORT, et en SIXTE MAJEURE au TEMS FAIBLE.

EXEMPLE.

Et quand le chant donné est placé dans la partie supérieure, le contre-point doit être (autant que faire se peut) en QUINTE au TEMS FORT, et en TIERCE au TEMS FAIBLE.

EXEMPLE.

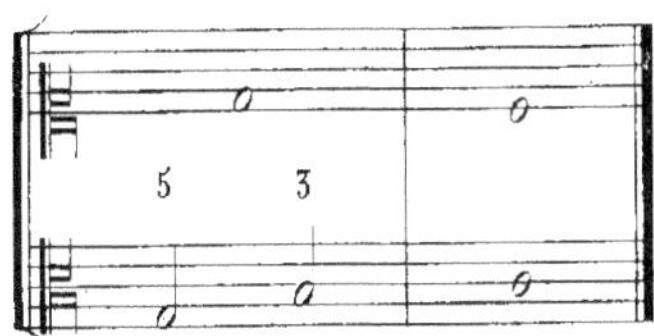

Cette règle est une conséquence de ce que l'on a dit, au sujet des deux dernières mesures d'un chant donné dans les observations que l'on a placées à la fin du contre-point de la première espèce.

OBSERVATIONS.

Toutes les autres règles de la première espèce qui peuvent être nécessaires à l'espèce présente, sont maintenues ici dans toute leur rigueur. Il est donc inutile d'en reparler, et je laisse à l'élève, le soin de les consulter, ou de voir par l'expérience qu'il a déja acquise, les cas ou ces règles seront faites pour le guider.

Voici maintenant l'exemple d'une leçon de la seconde espèce, afin que l'élève puisse voir d'un coup d'œil, comment il faut qu'il se conduise.

Chant
donné.

Chant
donné.

On observera dans le 1.er exemple, à l'endroit ou il y a une + qu'au lieu de placer la dissonnance au *tems faible* selon la règle 2.e elle se trouve placée au *tems fort*. Comme j'ai dit qu'on pouvait quelquefois employer ce moyen, je l'ai pratiqué exprès ici pour en donner un exemple. J'aurais pu faire différemment, mais, en mettant la dissonnance au *tems fort*, j'obtiens un chant plus facile et plus élégant, et voila l'une des raisons qui peuvent justifier cette contravention à la règle. En travaillant, l'élève rencontrera d'autres cas, où ce moyen pourra être employé. En parcourant ces exemples on verra comment le contre-point doit marcher, pour que toutes les règles soient observées, et pour que la mélodie soit facile, et dans le style qui convient à ce genre de composition.

CONTRE-POINT À DEUX PARTIES

TROISIÈME ESPÈCE —— QUATRE NOIRES CONTRE UNE RONDE.

RÈGLE I.

Dans cette espèce de contre-point, chacun des deux tems de la mesure, le fort ainsi que le faible, sont divisées par deux noires.

Pour se conformer au style des anciens Compositeurs, il faut, à l'égard des noires, pratiquer autant que faire se peut le mouvement conjoint, de préférence au mouvement disjoint.

RÈGLE II.

La première noire du tems fort doit être toujours en consonnance; la seconde, la troisième, et la quatrième noire peut être alternativement consonnante, ou dissonnante, pourvu que chaque dissonnance se trouve entre deux consonnances, et que la mélodie marche par mouvement conjoint, tant en montant, qu'en descendant.

EXEMPLES.

Lorsqu'on fait procéder le contre-point par mouvement disjoint, il faut que les sons qui marchent par ce mouvement soient tous consonnants.

EXEMPLES.

En examinant ces exemples, on y trouvera deux fois l'unisson; cela semble une faute au premier abord, mais dans cette espèce, l'unisson est permis, à cause du peu de valeur qu'ont les notes, excepté pourtant au commencement de la mesure.

DISGRESSION SUPPLEMENTAIRE.

Lorsque la seconde noire du premier tems et même de chaque tems est dissonnante, les anciens contre‑pointistes passaient quelquefois à la consonnance par un mouvement de tierce, ascendant ou descendant.

EXEMPLES.

Par les exemples multipliés de cette exception à la Règle que l'on rencontre dans les auteurs Classiques, et l'usage réitéré que ceux‑ci en ont fait, on pourrait croire que l'on doit convertir cette licence en précepte. Mais à quoi servirait la règle présente si l'on admettait un moyen qui la détruit? je préfère donc qu'une telle licence ne doit être ni admise ni tolerée dans le contre‑point rigoureux. J'ai voulu mettre sous les yeux des élèves ces différents passages des vieux compositeurs, afin qu'ils sachent à quoi s'en tenir, lorsqu'en examinant les ouvrages des Classiques, ils rencontreront les endroits ou cette licence aura été pratiquée. Il n'y a pas de tradition qui nous ait transmis la raison pour la quelle ces mêmes classiques ont dérogé à la règle d'une manière aussi fautive. Je ne conçois pas pourquoi au lieu de faire ainsi:

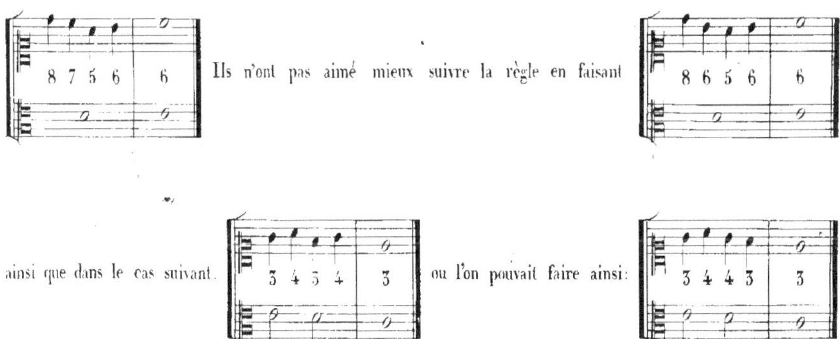

Voila dans ce dernier exemple deux dissonnances qui se suivent et qui portent atteinte à la règle; mais il est permis dans certains cas d'en user ainsi, pourvu que ces dissonnances se suivent par mouvement conjoint; on rencontrera quelquefois de pareils endroits où l'on sera forcé de pratiquer deux dissonnances de suite. Pour revenir à ce que je disais plus haut, je ne vois aucune raison qui excuse les classiques, d'avoir employé les dissonnances disjointes, si ce n'est que pour avoir plus de variété, et considérant le peu de valeur qu'ont les noires ils faisaient sauter la dissonnance d'un intervalle de tierce, qui est le plus petit après celui de seconde et par conséquent plus aisé à entonner.

RÈGLE IIIme

Ni une seule noire, ni deux, ni quelquefois même trois noires dans le contre-point à deux parties, ne sauvent deux quintes ou deux octaves, quoiqu'on emploie dans certains cas le mouvement contraire, et le saut plus grand qu'une tierce.

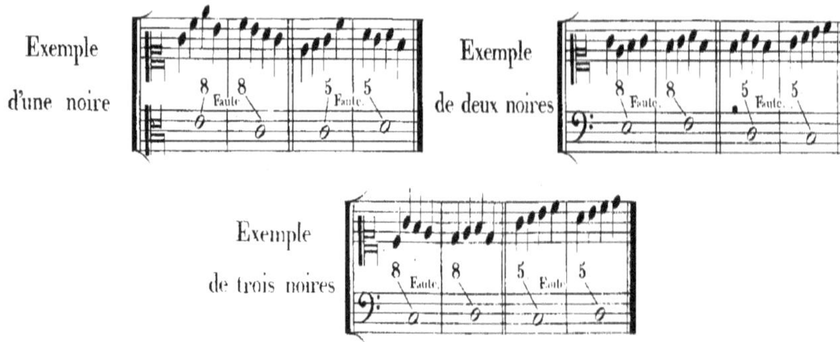

RÈGLE IVme

Si l'on a défendu dans les espèces précédentes de contre-point à deux parties, les sauts de sixte majeure, et même mineure, et ceux de Triton et de fausse Quinte, ils sont encore plus fortement défendus dans l'espèce présente, à cause du peu de valeur des notes, et du peu de tems que la voix aurait à préparer et à saisir l'intonnation des intervalles durs.

Il faut éviter aussi comme dur à entonner, et désagréable à l'oreille, l'intervalle de Triton, quand même on le parcourrait en le remplissant par des sons conjoints, soit en montant, soit en descendant.

EXEMPLES.

La dureté de ces passages provient de ce que le si et le fa se trouvent toujours dans les élévations extrêmes du grave et de l'aigu de la mélodie, et comme les sons des extrémités sont plus appreciés par l'oreille que les sons intermédiaires, il s'en suit que l'oreille dans les cas que nous venons d'exposer, éprouve l'apreté du Triton, sans que les autres sons puissent ni l'effacer totalement, ni même l'attenuer.

Il est des cas où le Triton, en montant et en descendant par des notes graduées, peut se pratiquer sans l'inconvénient que l'exemple ci-dessus vient de signaler. C'est lorsque les deux sons qui forment l'intervalle de Triton ne se trouvent point aux deux extrémités de la mélodie, et sont ainsi contenus dans une série de sons conjoints.

On voit dans ces deux exemples, que le Triton est caché entre deux sons extrêmes d'un effet très doux, et que par ce moyen l'impression désagréable qu'il produit est beaucoup moins sensible, si elle n'est pas tout-à-fait détruite.

RÈGLE V.ᵐᵉ

Dans cette espèce de contre-point, on peut, à l'exemple de l'espèce précédente, employer un silence à la première mesure de la partie qui fait le contre-point; ce silence ne sera pas plus long qu'un soupir, et la note qui le suit doit être en consonnance.

EXEMPLE.

RÈGLE VI.ᵐᵉ

Dans l'avant dernière mesure, la première noire du contre-point doit être en tierce autant que faire se pourra. Si le contre-point est dans la partie supérieure, il montera par dégré jusqu'à l'octave de la dernière mesure, et si le contre-point est dans la partie inférieure, il descendra d'un intervalle de Tierce, pour monter ensuite par dégré jusqu'à l'octave ou à l'unisson de la dernière mesure.

EXEMPLE.

Cette règle n'est pas de rigueur, et l'on pourra faire autrement lorsque le chant donné sera fait de manière à ne pouvoir amener cette disposition.

En terminant la présente espèce, je vais donner un modèle de quatre Noires contre une Ronde.

Chant donné.

Chant donné.

CONTRE-POINT À DEUX PARTIES.

QUATRIÈME ESPÈCE ______ DE LA SYNCOPE.

RÈGLE Ire

Cette espèce de contre-point n'admet que deux Blanches contre une Ronde. On appelle Syncope une Ronde dont la première moitié se trouve dans le tems faible d'une mesure, et l'autre moitié dans le tems fort de la mesure suivante..

EXEMPLE.

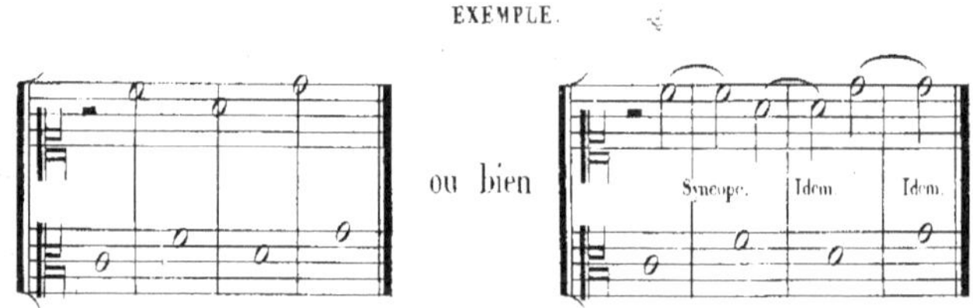

RÈGLE IIme

La Syncope doit être toujours en consonnance au tems faible, et le tems fort peut être à volonté, ou en consonnance, ou en dissonnance. Si le tems fort est en consonnance, on a la liberté de faire marcher la mélodie ou par dégré, ou par intervalle.

EXEMPLES DES SYNCOPES CONSONNANTES.

Si le tems fort est en dissonnance, on doit faire descendre la mélodie d'un dégré sur la consonnance, et point autrement. On appelle cela résoudre une dissonnance, comme l'élève doit en être instruit, s'il a fait un cours d'harmonie.

RÈGLE IIIme

Les dissonnances sur les tems forts doivent être préparées par une consonnance, et résolues de même par une autre consonnance.

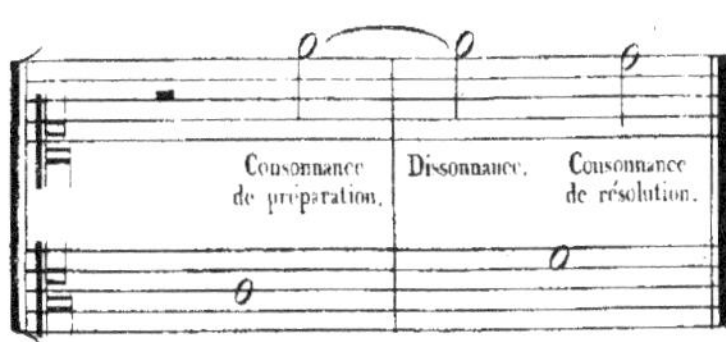

Dans une suite de syncopes dissonnantes sur le tems fort, la consonnance de résolution devient naturellement la consonnance de préparation pour la dissonnance qui lui succède.

Ces dissonnances ne sont que des retards des consonnances, puisque en ôtant la dissonnance de chaque mesure de l'exemple précédent, cette marche ne devient autre chose, dixor qu'une suite de consonnances.

On connait donc sur le champ par ce moyen, sur quelle consonnance doit se résoudre une dissonnance: Par conséquent, il est défendu de faire une suite de secondes résolues sur l'Unisson et une suite de neuvièmes résolues sur l'Octave.

En ôtant la dissonnance de chaque mesure de ces exemples, il en résulte une suite d'Unissons à l'égard des secondes, et une suite d'8ves à l'égard des neuvièmes.

La même défense a lieu, lorsque le contre-point est dans la partie inférieure, et que l'on croirait pouvoir employer ces mêmes suites.

Par une conséquence de ce précepte, on ne doit point pratiquer des suites de dissonnances, comme celles de l'exemple suivant:

En ôtant partout la syncope, on aura une suite défendue de consonnances.

, Sans employer les dissonnances, on peut encourir aussi le danger de faire des Octaves de suite, ainsi que des Quintes.

En ôtant les syncopes, on aura la conviction de la marche fautive de l'exemple précédent.

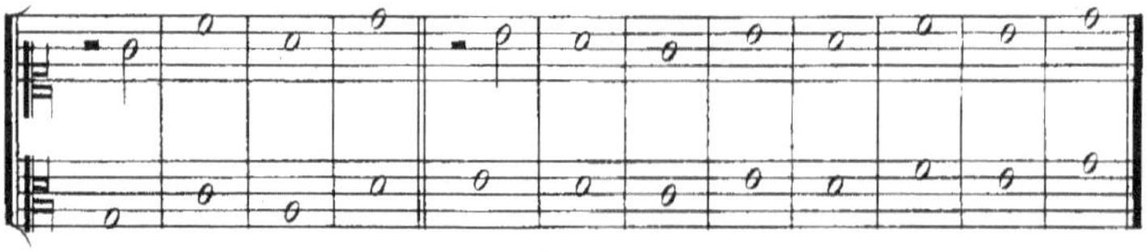

On voit donc enfin, que pour savoir si l'on a rempli toutes les lois prescrites dans cette espèce, sans encourir la moindre faute, on n'a qu'à ôter la syncope de chaque mesure pour en faire l'épreuve.

RÈGLE IVme

Dans le contre-point à deux parties de la présente espèce, il faut autant que possible s'abstenir d'employer les dissonnances de 4.te et de 9.me Il faut leur préférer celle de 7.me lorsque le contre-point est dans la partie supérieure, et celle de 2.de quand le contre-point est dans la partie inférieure.

RÈGLE Vme

La loi de syncoper doit être observée dans chaque mesure. Toutefois si cette obligation rendait la mélodie difficile à se maintenir dans une élévation moyenne, et que la syncope la portât ou trop vers l'aigu, ou trop vers le grave; ou si elle a- menait des phrases semblables trop rapprochées; ou s'il se trouvait enfin des passages trop embarrassants: il conviendrait alors de ne point syncoper pendant une, ou deux mesures tout au plus. Cet expédient ne doit être employé qu'après avoir tenté inuti- lement tous les moyens possibles de syncoper.

RÈGLE VIme

Dans cette espèce, à l'avant dernière mesure, on doit pratiquer de rigueur la syn- cope de Septième quand le contre-point est dans la partie supérieure et la syncope de Seconde lorsque le contre-point est dans la partie inférieure.

RÈGLE VIIme

A l'instar du contre-point à deux Blanches contre une Ronde, on pourra dans l'espèce actuelle employer une demi pause à la première mesure, avant que de com- mencer le contre-point.

CONTRE - POINT À DEUX PARTIES

CINQUIÈME ESPÈCE _______ CONTRE - POINT FLEURI.

Cette espèce est un composé des quatre espèces précédentes, employées tour-à-tour dans la partie qui fait le contre-point, en ajoutant aux figures déjà connues, les croches et les blanches pointées.

RÈGLE I.ʳᵉ

Les croches doivent se succéder par mouvement conjoint, et rarement par mouvement disjoint. Il faudrait, pour suivre le style des anciens compositeurs, ne pas placer plus de deux croches dans chaque mesure. Ces croches ne doivent jamais se trouver dans la première moitié d'un tems, mais bien dans la seconde.

Si l'on emploie quatre croches dans une mesure, elles doivent être réparties entre les deux dernières moitiés de chaque tems, et non pas se succéder consécutivement.

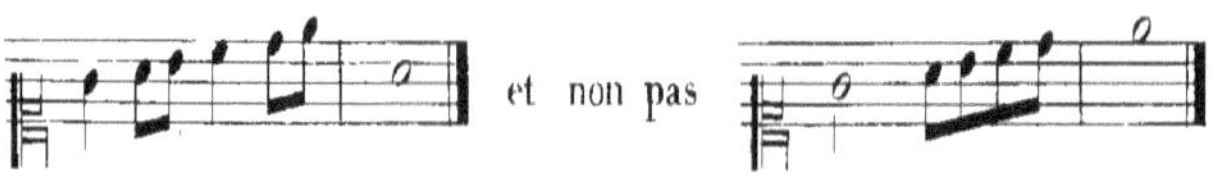

En général, il faut user sobrement de cette figure, et ne pas trop multiplier les croches, sans quoi le contre-point deviendrait trop sautillant, et s'éloignerait du style propre à ce genre de composition.

Les croches sont, du reste, soumises aux mêmes loix que les noires, relativement aux dissonnances passagères. On verra plus bas comment on doit les employer à l'égard des dissonnances préparées.

RÈGLE II.ᵐᵉ

Il faut avoir soin de mettre le plus d'élégance possible dans la mélodie, sans dé-naturer pourtant, ainsi que nous venons de le dire, le caractère sévère du style du contre-point rigoureux. Il n'est pas déplacé de rappeller ici, que les mouvements contraire et oblique, et par conséquent la syncope, sont les meilleurs moyens à employer pour être élégant dans le contre-point fleuri. Il est essentiel aussi de faire observer qu'en employant toutes les figures de notes permisses, il faut les entremêler avec adresse, pour éviter le retour trop fréquent des mêmes formes.

RÈGLE III.ᵐᵉ

Le point sert de diminution à la Ronde, attendu qu'il la change d'abord en une Blanche pointée, ensuite en une noire ou deux croches.

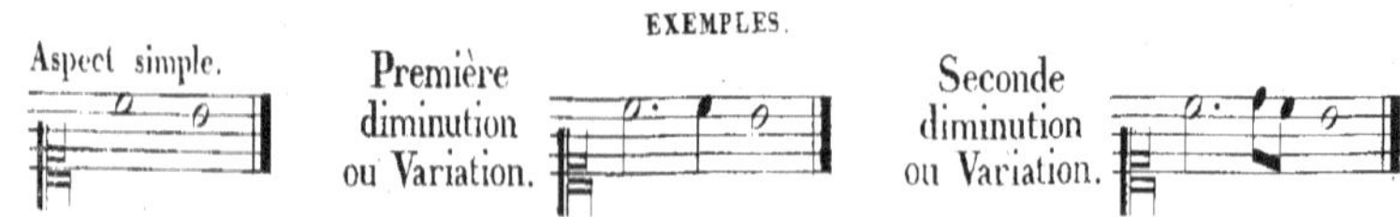

Ces sortes de variations, peuvent avoir lieu aussi dans les syncopes, et par ce moyen on diminue la valeur des dissonnances. Ces diminutions donnent beaucoup de grâce à la mélodie.

EXEMPLES.

REGLE IVme

Le contre-point dans cette espèce, est soumis à l'égard de l'avant dernière mesure à la même règle que dans l'espèce précédente; on consultera donc pour cela la règle sixième de la syncope, où l'on parle aussi de la première mesure qui doit être traitée de même dans le contre-point fleuri.

EXEMPLE D'UNE LECON DE LA PRÉSENTE ESPÈCE.

CONTRE-POINT À TROIS PARTIES.

PREMIÈRE ESPÈCE ________ NOTE CONTRE NOTE.

Le contre-point à trois n'est pas aussi rigoureux que le contre-point à 2 parties; on peut dire même que la stricte rigueur n'appartient véritablement qu'à ce dernier. La sévérité des règles s'adoucit à mesure que les difficultés se multiplient, et ces difficultés augmentent en raison du nombre de parties qu'on doit faire marcher ensemble. Cela n'est pas toutefois une raison pour s'affranchir entièrement de la rigueur attachée à ce genre de composition, car il y a encore bien loin des facilités accordées à ce genre de composition, à celles qu'on peut se permettre dans le système de musique moderne.

RÈGLE I.ʳᵉ

Dans cette espèce de contre-point, l'harmonie devra être complète dans chaque mesure toutes les fois qu'on le pourra sans rendre la mélodie trop disjointe, et par conséquent trop difficile. On sera donc quelquefois forcé, aulieu d'employer toujours des accords complets, de supprimer un membre d'un accord, pour doubler l'un de ceux qui restent, afin d'obtenir une mélodie plus aisée dans les parties, et en même tems plus de variété dans les effets, variété qui résulte du mélange des accords complets et des accords incomplets.

EXEMPLE.

| 5 | 3 | 6 | 6 | 5 | 8 |
| 3 | 5 | 3 | 3 | 3 | 8 |

Chaque accord de cet exemple est complet; mais quoique les parties chantent assez bien, elles chantent encore mieux dans l'exemple suivant, où les accords ne sont pas complets partout.

Ce second exemple, moins complet que le premier, est, par cela même, plus facile et plus élégant.

RÈGLE II.[me]

La première mesure doit, en général, être occupée par l'accord parfait; il peut arriver cependant, à cause du diapason ou de l'étendue des voix, ou bien à cause de la mesure qui suit, qu'au lieu d'employer l'accord parfait dans cette direction $\frac{5}{3}$ on soit forcé de l'employer de cette manière $\frac{3}{5}$, et même d'en retrancher quelque membre. On a dans ce cas les formules suivantes dont on pourra faire usage, savoir: $\frac{3}{8}$ ou $\frac{3}{3}$ ou $\frac{5}{8}$ ou $\frac{8}{5}$ ou $\frac{8}{8}$: cette dernière formule présentant partout le même son, produit le même effet que l'unisson. Il est permis de commencer de cette manière.

Quant à l'emploi de l'accord parfait dans la dernière mesure, voici les formules qu'on doit employer $\frac{1}{1}$ ou $\frac{8}{8}$ ou $\frac{8}{5}$ ou $\frac{5}{8}$ ou $\frac{5}{1}$ autant que faire se peut, mais il est souvent difficile, et quelquefois même impossible, d'employer une de ces formules lorsque le chant donné est dans la partie inférieure, il faut presque toujours dans ce cas finir par la tierce et l'octave; les anciens compositeurs finissaient toujours par la tierce majeure, quelque fut la nature du mode principal, et ils donnaient pour raison que la tierce mineure étant bien plus imparfaite que la tierce majeure, celle-ci est plus propre à finir que l'autre.

RÈGLE III.[me]

Les parties doivent être entre-elles à une distance convenable l'une de l'autre, et plus elles seront rapprochées, meilleur sera l'effet qui en résultera. Il y a des cas où cette règle subit des exceptions, mais il faut tâcher qu'ils soient rares, et l'on doit faire ensorte de les éviter, à moins que cela ne soit réellement impossible. Pour faciliter les moyens d'observer cette règle, on permet, dans une position difficile, de faire passer une des parties supérieures, au-dessous d'une partie inférieure.

RÈGLE IV.

Il est défendu dans le contre-point à trois parties, comme dans celui à deux, de faire des quintes ou des octaves cachées soit entre les deux parties extrêmes, soit entre la partie intermédiaire et l'une des deux autres parties.

On peut, mais bien rarement, déroger à cette règle (pour ce qui regarde la partie intermédiaire seulement) dans le cas ou la stricte observation de cette défense gênerait la marche des deux autres parties, ou bien ferait naître quelque inconvénient plus grave à l'égard de la mesure suivante.

Il n'y a pas d'exception à l'égard des deux parties extrêmes entre-elles.

OBSERVATION. Il est inutile de parler ici de la règle qui défend les deux quintes et les deux octaves de suite, puisque cette règle est commune à toute espèce de composition.

La défense de faire deux quintes ou deux octaves cachées entre les deux parties extrêmes, appartient aussi à toute espèce de composition rigoureuse.

RÈGLE V.

Dans l'emploi des accords incomplets, il ne faut pas faire entendre la tierce ou la sixte dans deux parties à la fois. Il est défendu de doubler l'une ou l'autre à cause de leur imperfection, et parcequ'elles rendraient l'harmonie trop pauvre. La quinte et l'octave doublées sont permises dans l'emploi des accords incomplets à cause de leur perfection. Cette règle cependant est sujette à beaucoup d'exceptions, et il est bien des cas où, pour la bonne harmonie, pour la bonne conduite des parties, et enfin pour éviter des fautes graves, on peut doubler les consonnances imparfaites, si l'on a essayé sans succès tous les moyens de faire autrement.

EXEMPLES DE CETTE RÈGLE

suivie à la rigueur.

RÈGLE VI.me

Les parties supérieures ne doivent jamais se trouver en quarte avec la partie inférieure, par conséquent on ne devra jamais employer l'accord de quarte et sixte. La quarte entre la partie intermédiaire et la partie supérieure est permise, comme par exemple dans l'accord $\frac{6}{3}$, ou dans l'accord parfait incomplet, selon cette formule $\frac{8}{5}$, tel qu'on peut l'employer dans la première et dans la dernière mesure.

RÈGLE VII.me

L'accord doit être toujours complet dans l'avant dernière mesure.

Pour terminer, on va mettre sous les yeux de l'élève un exemple d'une leçon à trois parties, de cette espèce.

Chant donné.

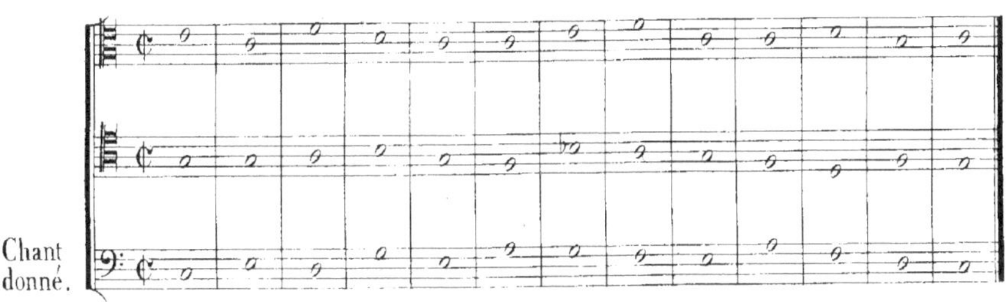

Chant donné.

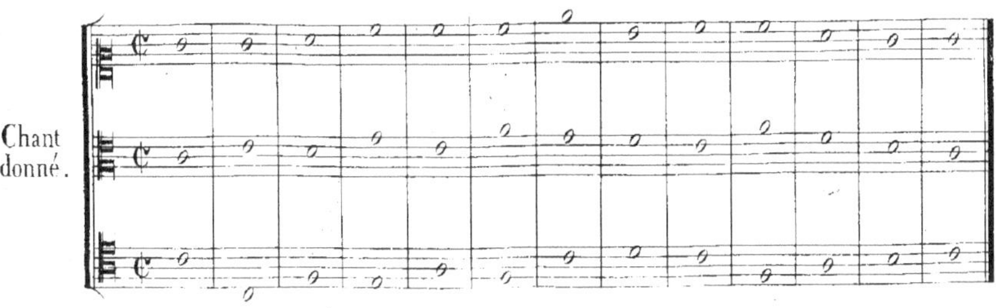

Chant donné.

CONTRE-POINT À TROIS PARTIES.

*SECONDE ESPÈCE*______ DEUX BLANCHES CONTRE UNE RONDE.

RÈGLE Ire.

Cette espèce de contre-point est soumise aux mêmes lois que la deuxième espèce du contre-point à deux parties, avec cette différence néanmoins, qu'on peut, à la faveur des deux blanches soutenues par l'accord parfait complet, sauver deux quintes placées chacune dans le tems fort de la mesure, ainsi que l'exemple suivant l'indique.

EXEMPLE.

La mélodie de la partie du milieu, qui serait défendue à deux parties, est ici tolérée, à cause de la partie aigue, qui cache par son harmonie le défaut de celle du milieu. Cette licence n'est point dutout admise dans les parties extrêmes; et quoique tolérée dans la partie du milieu, il faut n'en pas faire abus, et ne la pratiquer que dans les cas les plus difficiles.

RÈGLE IIme.

Les deux blanches contre une Ronde, ne doivent être placées à chaque mesure que dans une même et seule partie à la fois; les deux autres parties n'auront que des Rondes.

EXEMPLES.

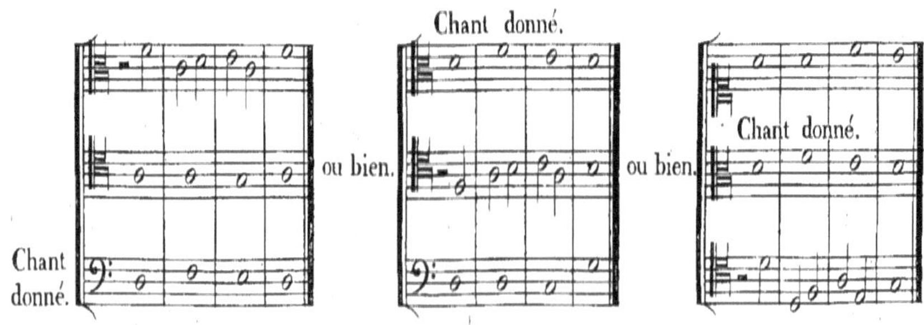

RÈGLE III.[me]

Il faut éviter de doubler la tierce au tems fort de la mesure; cette défense n'est point pour le tems faible, où l'on peut doubler la tierce.

EXEMPLES.

Il est des cas où l'on ne peut pas éviter le redoublement de la 3.[ce] au tems fort, mais ces cas sont, ou dumoins doivent être fort rares.

RÈGLE IV.[me]

L'unisson au tems fort n'est permis, que lorsqu'on ne peut vraiment faire autrement; il est permis à la première, et à la dernière mesure. On le tolère au tems faible.

EXEMPLES.

RÈGLE V.[me]

La partie qui fait les deux blanches doit commencer au tems faible de la première mesure, le tems fort sera occupé par une demi-pause, il est plus élégant de commencer ainsi.

EXEMPLES.

RÈGLE VIme

Soit dans la présente espèce, soit dans les suivantes, on peut, comme on l'a fait remarquer dans l'espèce précédente, dans des situations gênantes, croiser les parties, c'est-a-dire de faire passer la partie supérieure au dessous de la partie inférieure. Toutefois, cette faculté n'est accordée que pendant une ou deux mesures au plus.

RÈGLE VIIme

Il a été défendu dans la 2.de espèce du Contre-point à deux parties de frapper deux fois le même son dans la partie qui fait les deux blanches. Cette défense est maintenue dans la présente espèce, quoique cette règle soit sujette à exception, et que l'exception soit autorisée même par l'exemple des compositeurs classiques. L'exception a lieu seulement dans l'avant dernière mesure, et pas ailleurs; elle est destinée à prévenir les inconvénients qui résulteraient de la nature du chant donné, comme dans l'exemple suivant.

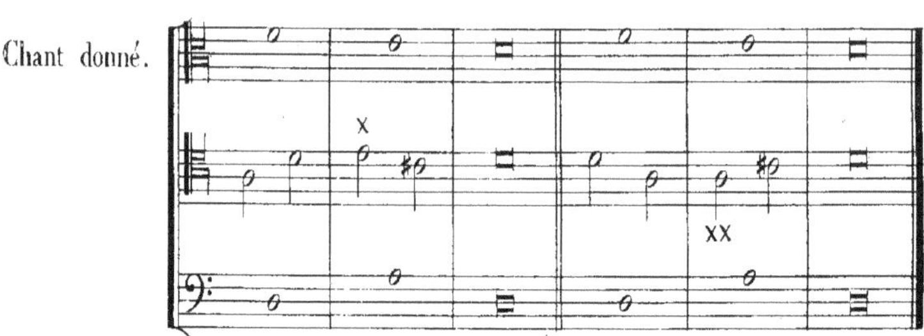

Le contre-point combiné de la manière exposée dans ces deux exemples offre d'un coté x l'unisson au tems fort avec la partie supérieure, et le même inconvénient de l'autre coté xx avec la partie inférieure. Pour éviter ces deux défauts, offrons deux autres exemples qui pareront à ces inconvénients, tout en remplissant les règles prescrites.

EXEMPLES.

De cette manière, en faisant usage de l'exception que nous venons de mentionner, on évite les inconvénients qu'on rencontrait dans les exemples précédents; et puisqu'il n'éxiste pas de loi expresse qui défende la syncope dans cette espèce, on peut donc l'y admettre sans devenir répréhensible, pourvu qu'elle ne soit pas employée ailleurs qu'a l'avant dernière mesure. Toutefois, si l'on peut se passer de cette dissonnance on doit le faire. Les exemples suivants démontreront qu'il est beaucoup de positions où il est très facile d'éviter la syncope dans l'avant dernière mesure.

Il y a d'autres manières que nous n'indiquons pas, nous laissons à l'élève le soin de les trouver.

MODÈLE D'UNE LEÇON DE LA PRÉSENTE ESPÈCE.

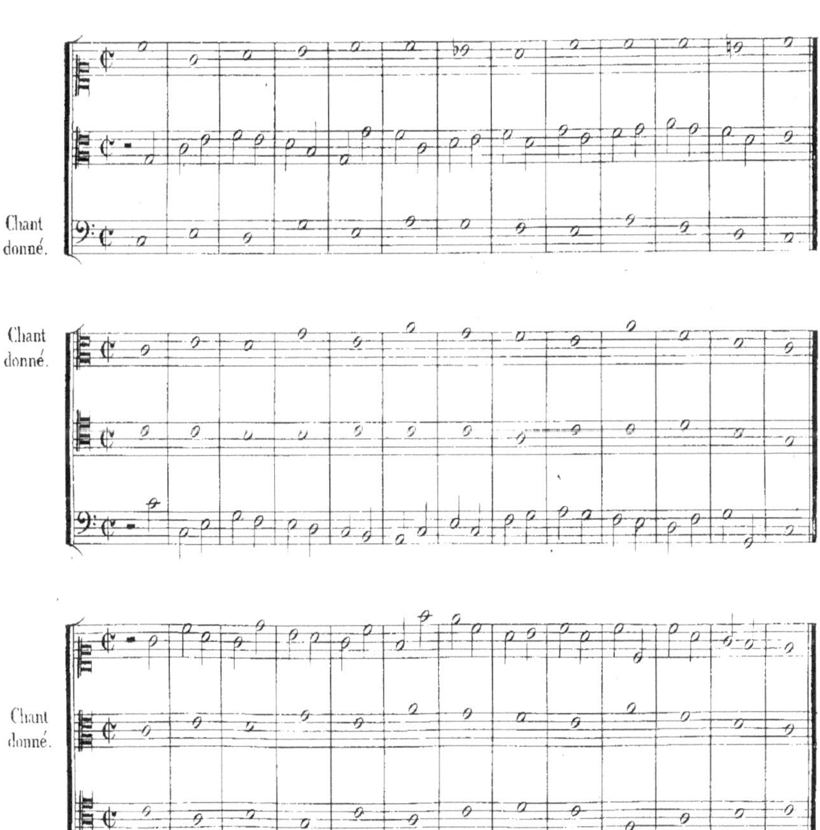

CONTRE-POINT À TROIS PARTIES.

TROISIÈME ESPÈCE _____ QUATRE NOIRES CONTRE UNE RONDE.

On doit se rappeller tout ce qui a été prescrit dans la 3me espèce de contre-point à deux parties, relativement aux quatre noires. Dans l'espèce présente, elles sont soumises aux mêmes préceptes.

RÈGLE Ire.

Il faut tâcher, autant qu'il sera possible, de faire entendre l'accord parfait complet au commencement du tems fort de la mesure, et si l'on n'en trouve le moyen, il est indispensable de le faire entendre au commencement du tems faible.

EXEMPLE.

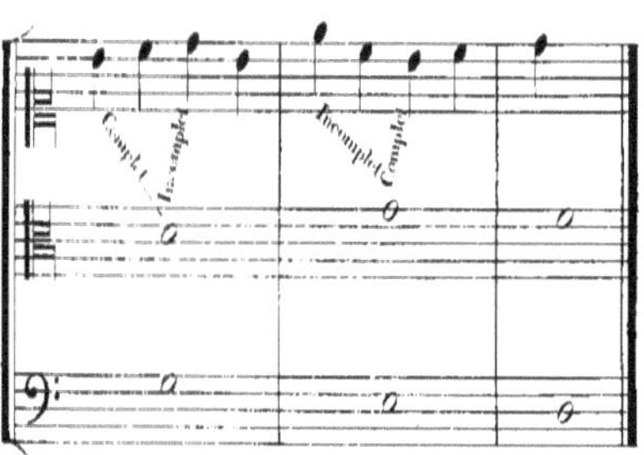

Quoique cette règle soit en quelque sorte de toute nécessité, il est des cas où elle peut avoir des exceptions, puisqu'il arrive quelquefois que l'on ne peut faire entendre l'accord complet, ni au commencement du tems fort, ni a celui du tems faible, et qu'en outre le tems faible peut commencer par une dissonance passagère. Ces exceptions sont reçues, et ne sont point imputées en faute. Quoiqu'il en soit, il faut chercher, autant que l'on peut, à exécuter la règle dans toute sa rigueur.

EXEMPLES.

RÈGLE IIme

Dans l'espèce précédente, une seule partie faisait les deux blanches, tandis que les deux autres parties n'avaient que des rondes; on doit, dans la présente espèce, suivre le même ordre, à l'égard des quatre noires.

RÈGLE IIIme

La syncope, qui avait été permise à l'avant dernière mesure dans l'espèce précédente, ne l'est pas dans celle-ci, puisqu'elle ne peut y avoir lieu, à cause des quatre noires. On va donner plusieurs exemples de différentes manières de terminer.

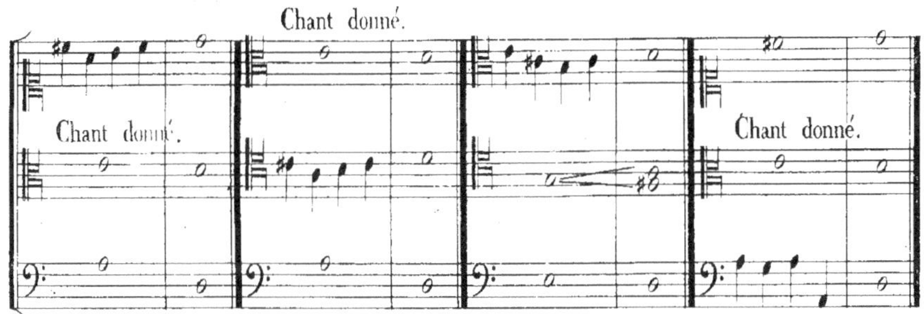

EXEMPLES D'UNE LEÇON DE LA PRÉSENTE ESPÈCE.

Après que l'élève se sera exercé de cette manière, et en plaçant tour-à-tour les noires dans chaque partie, il pourra entremêler l'espèce précédente, c'est-à-dire les deux Blanches, avec la présente, de la façon indiquée dans les exemples suivants. Il faut alors que la partie occupée par les blanches commence après celle qui sera remplie par les noires. (voyez les exemples ci-après)

EXEMPLES.

Dans ce mélange des deux espèces, il est presque impossible que l'une des deux parties ne soit pas presque continuellement disjointe. Il faut donc renoncer à la rigueur de la règle, qui prescrit d'employer le mouvement conjoint de préférence à l'autre.

CONTRE-POINT À TROIS PARTIES.

QUATRIÈME ESPÈCE ——— DE LA SYNCOPE.

Dans les espèces dont nous allons parler, il ne faut pas oublier ce qui a été dit relativement à celle qui lui est analogue dans le contre-point à deux parties; les mêmes lois doivent servir de guide: il reste seulement à indiquer ici de quelle manière on doit introduire une troisième partie pendant la syncope.

RÈGLE Ire.

On a déja dit, et il est nécessaire de le répéter encore, que dans le système de la composition rigoureuse des anciens, la syncope ou dissonnance, n'est qu'un retard de la consonnance. Partant de ce principe, il en résulte que la syncope ne détruit point la nature de l'accord dans lequel elle est placée, mais qu'elle ne fait que retarder un membre consonnant de l'accord. Par conséquent, la dissonnance doit descendre graduellement sur la consonnance qu'elle a retardée, après avoir été préparée par une autre consonnance, faisant partie de l'accord précédent. Les autres parties doivent donc être à l'instant de la syncope, en consonnance avec la résolution de la dissonnance.

Exemple sans syncopes.   Exemple avec des syncopes.

On voit, par ce dernier exemple, que les deux autres parties sont toujours les mêmes soit que l'on emploie la syncope, ou qu'on ne l'emploie pas, et qu'en frappant avec la dissonnance, elles se trouvent tout naturellement en consonnance avec sa résolution.

OBSERVATION

Ce qu'on a dit dans la règle précédente, par rapport à la syncope placée dans l'une des deux parties supérieures, doit servir pour la syncope placée dans la partie grave. Cependant, si l'on ne prenait quelques précautions, on pourrait rencontrer des inconvénients, et des fautes que l'on va mettre sous les yeux de l'élève, et dont il faut se garantir avec art et discernement.

Supposons par exemple une suite de syncopes, telle que celle-ci:

Exemple 1er

En ôtant les syncopes il en résulte ce 2.e Exemple.

En suivant le système que les dissonnances ne sont que des retards de consonnances, le résultat offert par le second exemple est fautif, en ce qu'il présente une suite de quintes, et cela est défendu. Quoique ce résultat soit vicieux, le premier exemple ne l'est point selon l'autorité des Classiques qui ne se sont point fait scrupule d'employer les syncopes de cette manière, en assurant que la dissonnance peut, dans ce cas, sauver les quintes qui en résultent. Il est vrai qu'ils n'ont pas employé une suite aussi prolongée de cette sorte de dissonnances; quoiqu'il en soit, leur opinion me parait erronée, quoique l'usage l'ait consacrée, car, partant du principe que la dissonnance est un simple retard de la consonnance, elle ne doit point détruire la nature d'un accord, elle ne fait qu'en suspendre l'effet; mais puisque les classiques ont prononcé, il faut s'y soumettre. Ne pouvant donc détruire une erreur consacrée, il faut au moins tâcher de l'employer rarement, dans des positions difficiles, et ne se servir de cette disposition de la syncope que pendant deux mesures au plus, en évitant une plus longue suite. L'exemple suivant est dans la même cathégorie que le précédent, et sujet aux mêmes inconvénients, et aux mêmes précautions à employer.

Ces mêmes classiques, qui ont approuvé les exemples de la syncope que l'on vient d'exposer, ont condamné une suite de dissonnances dans l'ordre suivant.

Les consonnances, plus elles sont parfaites, ont-ils dit, moins elles sont harmonieuses, et les dissonnances préparées par des consonnances telles que l'octave ou l'unisson, ne peuvent sauver l'inconvénient qui en résulte. Cet inconvénient est frappant, puisque en otant les syncopes de cet exemple on aura une suite d'octaves entre les deux parties extrêmes.

En résumant tout ceci, il résulte que les dissonnances, selon les classiques et malgré la rigueur de ce genre de composition, peuvent sauver deux quintes de suite, mais elles ne sauveront jamais deux octaves.

RÈGLE IIme

Dans cette espèce, toutes les dissonnances peuvent être employées, savoir; la dissonnance de SECONDE; celle de QUARTE; celle de SEPTIÈME; et celle de NEUVIÈME.

La dissonnance de SECONDE doit être accompagnée par la QUARTE MINEURE, elle ne peut avoir lieu que dans la partie la plus grave.

Il est des cas ou l'on peut accompagner la dissonnance de SECONDE par la QUINTE; cette manière est même plus conforme que l'autre, aux véritables principes de contre-point rigoureux, qui défendent, en quelque sorte, d'employer la QUINTE DIMINUÉE, qui ne saurait être évitée, dans l'acception exposée dans l'exemple précédent.

Exemple de la 2de accompagnée de la 4te. Exemple de la 2de accompagnée de la 5te.

La dissonnance de QUARTE doit être accompagnée par la QUINTE, et cette dissonnance peut avoir lieu dans la partie du milieu, et dans la partie aigüe.

EXEMPLES.

La dissonnance de SEPTIEME doit être accompagnée par la TIERCE et résolue sur la SIXTE: elle ne peut avoir lieu que dans les deux parties supérieures.

EXEMPLES.

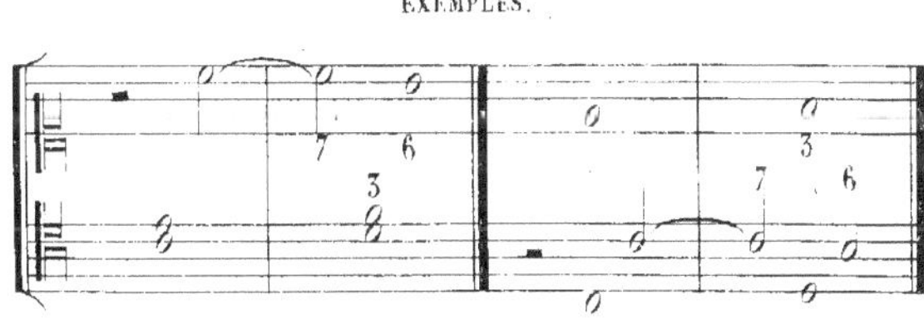

La dissonnance de NEUVIEME doit être accompagnée par la TIERCE et résolue sur l'OCTAVE; on peut la placer dans la partie du milieu, et dans la partie aigüe.

EXEMPLES.

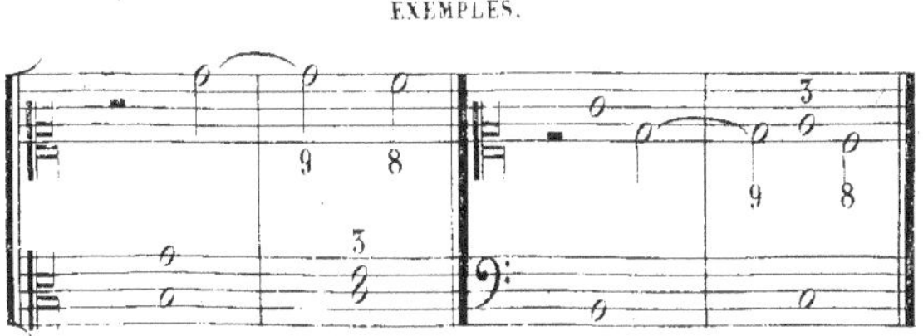

RÈGLE IIIme

Lorsque, par la nature du chant donné, par la marche de l'harmonie, par la disposition
et la manière de faire chanter les parties, il serait impossible de syncoper, soit avec la dissonnance, ou sans la dissonnance sans tomber dans des inconvénients répréhensibles, on peut
ne pas syncoper dutout, ou faire usage de la demi-pause au milieu du morceau, et même
d'une pause entière au commencement.

EXEMPLES.

Chant donné.   Chant donné.

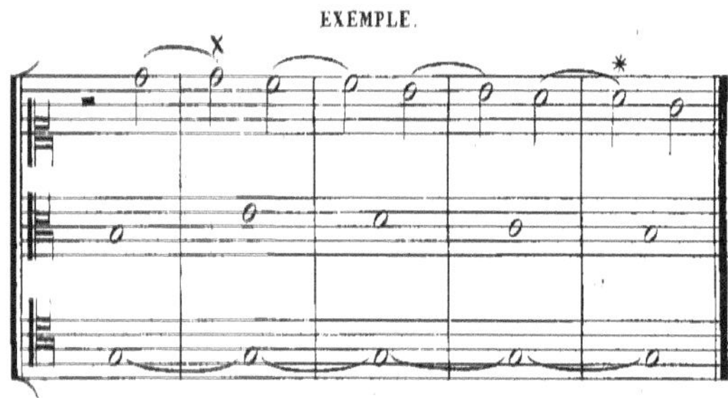

RÈGLE IVme

On sait que les dissonnances doivent être préparées, et résolues par des consonnances. Il
est des circonstances, cependant, ou une dissonnance peut être préparée et résolue par une
autre dissonnance.

EXEMPLE.

Ces combinaisons ne peuvent avoir lieu que lorsque la partie grave soutient le même son
pendant plusieurs mesures de suite; et pourvu que la première dissonnance x soit préparée
par une consonnance, et que la dernière dissonnance * soit résolue par une autre consonnance, tout ce qui se trouve entre ces deux extremités peut être consonnance ou dissonnance,
tour-a-tour, sans suivre les règles prescrites, pourvu toutefois que la partie qui ne syncope pas
fixe l'harmonie. Ce son soutenu dans la partie grave, est appellé Pédale.

AUTRE EXEMPLE.

Chant donné.

Par ce moyen, on peut même, au milieu du chant donné, s'il était impossible de syncoper autrement, on peut, dis-je, faire usage de la pédale pendant deux ou trois mesures, si le chant donné en est susceptible.

EXEMPLE.

RÈGLE Vme

L'avant dernière mesure doit avoir, si le chant donné en est susceptible, la dissonnance de 7.me lorsque le chant donné est à la partie grave; la dissonnance de 4.te lorsque le chant donné est à la partie du milieu, ou à la partie aiguë; et la dissonnance de 2.de lorsque les syncopes sont placées dans la partie grave.

EXEMPLES.

Voici l'exemple d'une leçon, pour servir de modèle à l'élève, lorsqu'il entreprendra la présente espèce.

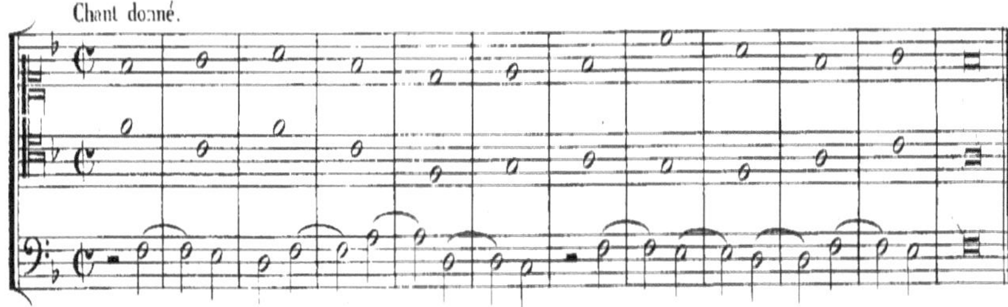

Après que l'élève se sera exercé de cette manière, il pourra mêler la seconde et la troisième espèce avec la présente, en plaçant tour-à-tour à chaque partie le chant donné, et l'une des deux autres espèces.

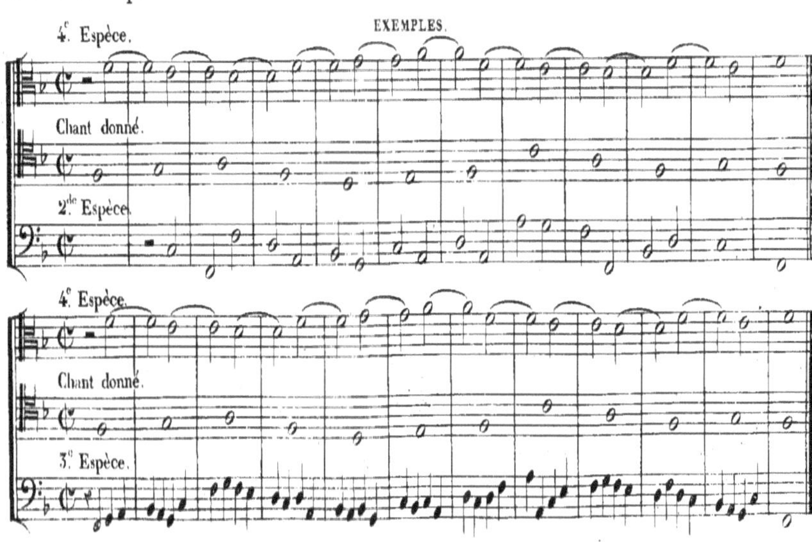

CONTRE-POINT À TROIS PARTIES.

CINQUIÈME ESPÈCE ______ CONTRE-POINT FLEURI.

Il est superflu d'ajouter de nouvelles règles à la présente espèce, puisqu'elle est un composé de toutes les autres; par conséquent, tout ce qui a été dit jusqu'a présent, doit servir de base pour traiter le contre-point fleuri. Je vais seulement donner un modèle de cette espèce, en ajoutant qu'après s'être exercé de la manière consignée dans l'exemple suivant, on pourra mêler la 2de espèce à la 5me. et ensuite pratiquer le contre-point fleuri dans les parties qui ne feront pas le chant donné.

EXEMPLES.

Contre-point fleuri dans une partie.

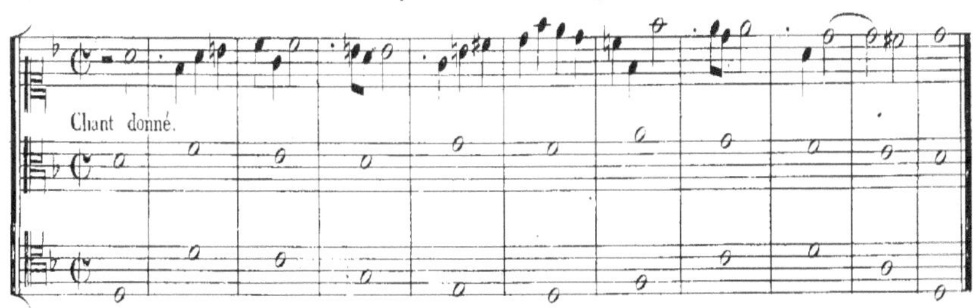

Exemple de la 2de Espèce combinée avec le contre-point fleuri.

Exemple du contre-point fleuri dans deux parties.

CONTRE-POINT À QUATRE PARTIES.

*PREMIÈRE ESPÈCE*____ NOTE CONTRE NOTE.

Si les règles du contre-point à trois parties, ne sont pas aussi sévères que celles du contre-point à deux, à plus forte raison sont elles encore moins rigides, à l'égard du contre-point dont il est question maintenant, et au sujet duquel on rencontre, même parmi les compositeurs classiques, et notamment dans PALESTRINA, des exemples tels, qu'on serait tenté, au premier abord, de les prendre pour des fautes, ou dumoins pour des licences trop grandes; mais les différentes positions difficiles dans lesquelles ces passages se trouvent, et l'usage fréquent que ces maîtres en ont fait, prouve que ces passages ne sont ainsi combinés, qu'à la faveur du relâchement de la sévérité des règles, adoucissement qui, comme nous l'avons dit, s'introduit à mesure que le nombre des parties augmente; ainsi ces exemples, qui d'abord paraissent fautifs, deviennent des autorités.

RÈGLE I.re

Les accords de $\frac{5}{3}$ et de $\frac{6}{3}$ n'étant composés que de trois membres, il est nécessaire de doubler l'un de ces membres dans le contre-point à quatre parties, ainsi dans l'accord $\frac{5}{3}$ on peut doubler tour à tour tous les membres selon la position des parties, mais on doit doubler plus souvent l'8.ve et la 3.ce que l'unisson et la 5.te. Si l'on emploie l'un ou l'autre de ces accords sans être complet, ce qui est permis et ce qui est souvent d'une nécessité indispensable, on se trouve forcé d'en doubler deux ou d'en tripler un, expédient auquel on ne doit recourir que dans des positions embarrassantes.

OBSERVATION. L'emploi de l'unisson dans la présente espèce, doit être évité le plus possible, surtout entre les parties supérieures, où cependant il est toléré quelquefois. Il est permis entre les deux parties graves, pourvu que l'on n'abuse point de cette permission, et qu'on ne l'emploie qu'après avoir tenté tous les moyens de l'éviter. Il n'est sujet à aucun reproche, à l'égard de toutes les parties dans la première mesure, ainsi que dans la dernière.

On peut de même doubler tous les membres de l'accord $\frac{6}{3}$, mais on doit de préférence doubler la 3.ce et plus rarement les autres. La pratique et l'application de cette règle enseigneront à choisir avec goût le membre qu'il sera le plus convenable de doubler dans chaque accord.

OBSERVATION. On ne saurait trouver la raison positive de la préférence que l'on donne à tel membre d'un accord sur tel autre pour être doublé. Il parait toutefois qu'en doublant la 3.ce plus souvent que les autres consonnances, on obtient un ensemble plus harmonieux, et qu'un choix réfléchi dans ces redoublemens, donne plus ou moins d'élégance ou de naturel à la mélodie de chaque partie et peut faire éviter des marches vicieuses entre une partie et l'autre.

EXEMPLES DE DIFFÉRENTS ASPECTS DE L'ACCORD PARFAIT ET DE L'ACCORD DE SIXTE COMPLET,

ou incomplets en doublant l'un de leurs membres.

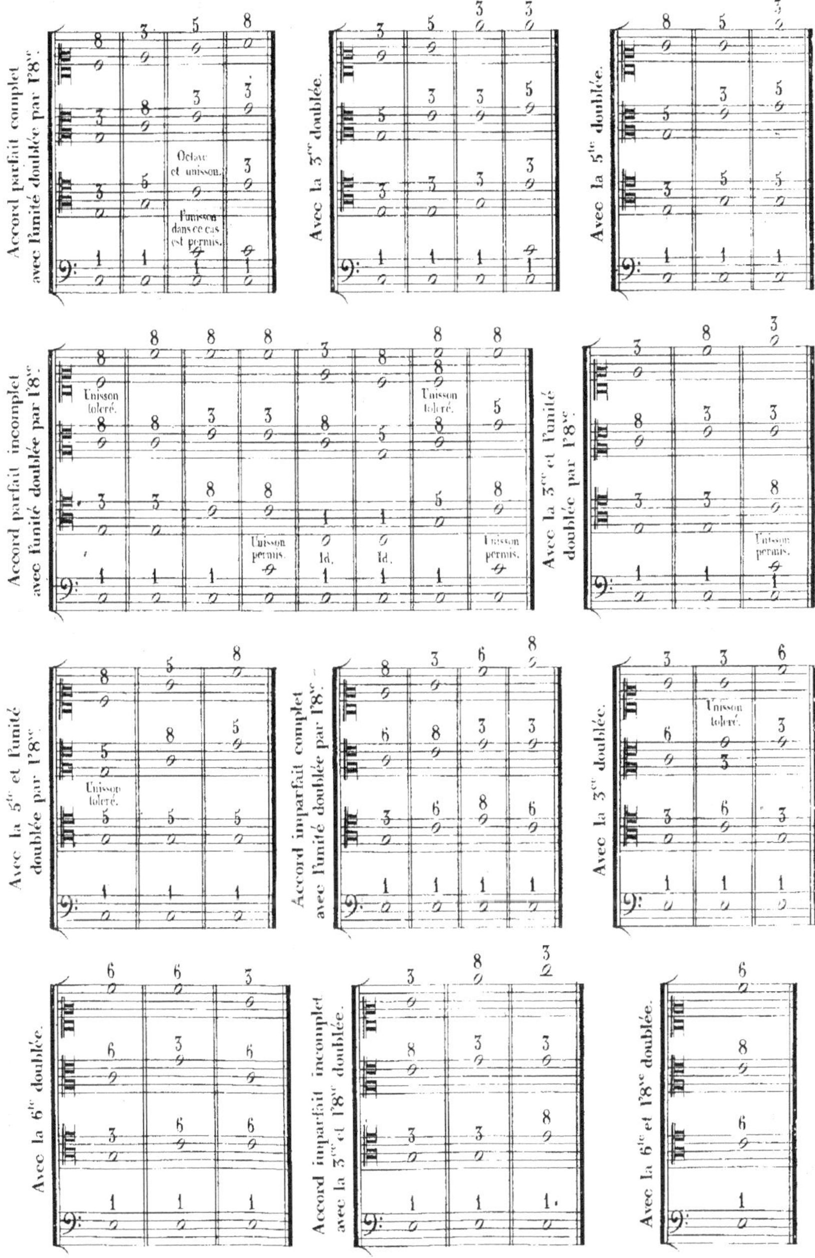

Ces deux accords auront plus ou moins d'aspects différents, selon l'élévation de l'unité dans la partie la plus grave. C'est par cette raison, et par celle du mouvement particulier dans chaque partie, qu'il est difficile d'employer l'accord complet à chaque mesure.

48

RÈGLE II.me

On doit faire ensorte que les parties ne soient pas trop éloignées les unes des autres,
ni par trop rapprochées, surtout vers le grave; on doit principalement éviter, autant que possible, l'emploi de plusieurs tierces de suite entre le Ténor et la Basse. Il faut donc tâcher
que les parties se tiennent entre elles à une distance moyenne et convenable;

RÈGLE III.me

Ainsi qu'on l'a pratiqué dans le Contre-point à deux, et à trois parties, on peut dans celui-
ci, de tems en tems, et surtout quand le cas l'exige absolument, faire passer une partie supérieure au dessous d'une partie inférieure pendant deux, ou trois mesures, tout au plus. Ce moyen
peut faire éviter bien des fautes, et peut ménager une mélodie aisée dans les parties.

RÈGLE IV.me

Deux octaves, et deux quintes de suite, par mouvement direct, sont toujours défendues entre
toutes les parties. Mais on tolère les deux quintes par mouvement contraire dans les trois
parties supérieures entre elles, et dans les deux parties du milieu avec la Basse. Elles sont
quelquefois tolérées entre les deux parties extrêmes, mais il ne faut pas en abuser; c'est
après avoir tenté inutilement tous les moyens de les éviter qu'on pourra les employer.

RÈGLE V.me

Il est permis de passer à une consonnance parfaite par mouvement direct dans les
deux parties du milieu entre elles, et dans ces mêmes parties respectivement au soprano
et à la basse. Cette permission ne peut avoir lieu entre les deux parties extrêmes, à
moins qu'on ne soit obligé par force d'employer cette faute pour éviter une faute plus
grave.

RÈGLE VIme

Il faut employer l'accord parfait complet à la première mesure; mais si cette obligation empêchait d'avoir une marche de mélodie sans reproche dans toutes les parties, pour passer à la seconde mesure, et même à la troisième, on ne sera point répréhensible de commencer avec l'accord incomplet. On peut même étendre cette permission jusqu'à n'employer que le même son dans toutes les parties, bien entendu que ce moyen pourra mieux convenir à la marche des parties, relativement à ce qui doit suivre.

EXEMPLES DE CETTE DERNIÈRE DISPOSITION.

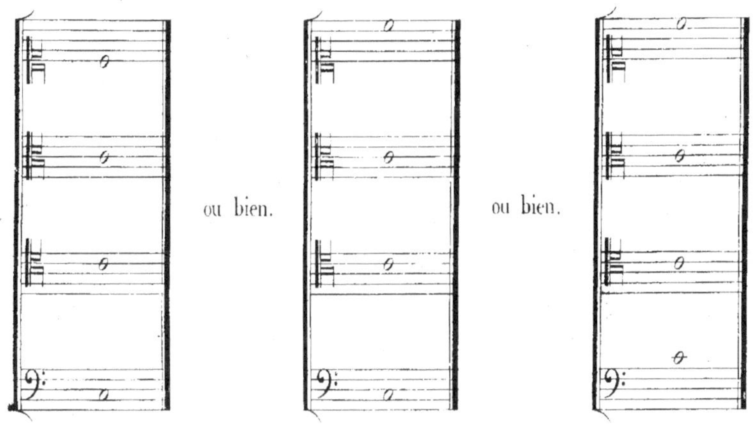

Tout ce que nous venons de dire peut servir aussi à établir les rapports de la dernière mesure, avec la pénultieme et antipénultieme, et les exemples qu'on vient de donner peuvent lui être appliqués.

OBSERVATION.

À l'aide des règles de cette espèce, et avec le secours des préceptes exposés pour le contre-point à deux, et à trois parties, on pourra, dans le contre-point à quatre parties, après s'être exercé dans la première espèce, passer à la seconde, et ensuite à la troisième, sans qu'il soit nécessaire d'ajouter de nouvelles règles. En examinant les exemples suivants, on verra facilement que tout ce qui a été dit jusqu'à présent, touchant les trois premières espèces, doit entièrement suffire.

EXEMPLE À 4 PARTIES. —— NOTE CONTRE NOTE.

EXEMPLE À 4 PARTIES. ___ DEUX NOTES CONTRE UNE.

EXEMPLE A 4 PARTIES. ——— QUATRE NOIRES CONTRE UNE RONDE.

Chant donné.

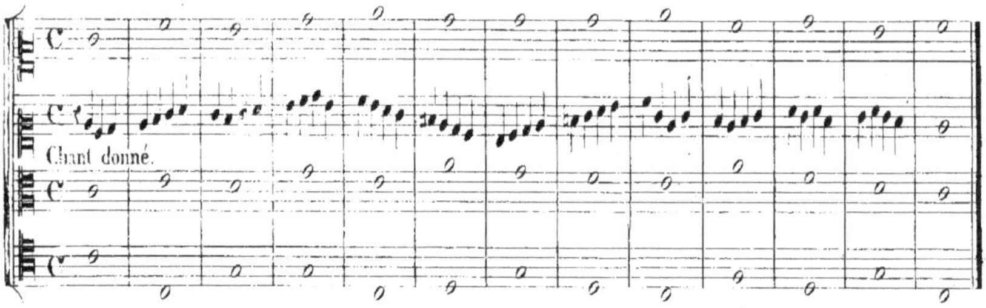

Chant donné.

Chant donné.

Chant donné transposé.

Après avoir travaillé ces trois espèces, en plaçant le chant donné dans toutes les parties tour à tour, on pourra s'exercer à mêler ces trois espèces ensemble, de la manière indiquée dans l'exemple suivant.

Chant donné.

CONTRE-POINT À QUATRE PARTIES.

QUATRIÈME ESPÈCE — DE LA SYNCOPE.

Outre les règles établies pour la syncope dans le contre-point à deux, et à trois parties, et qui doivent servir de guide pour la présente espèce, il est d'autres notions et d'autres préceptes à ajouter à tout ce qui a été prescrit jusqu'à présent, relativement à la syncope.

RÈGLE Ire.

D'abord, l'accord doit être toujours complet dans la mesure, soit que la syncope forme une dissonnance, soit qu'elle forme une consonnance; dans ce dernier cas, si l'accord n'est pas complet au tems fort de la mesure, il faut nécessairement qu'il le soit au tems faible.

RÈGLE IIme.

On peut employer toutes les dissonnances, voici de quelle manière:

Emploi de la dissonnance de 4te.　　　　Emploi de la dissonnance de 7me.

Emploi de la dissonnance de 9me.　　　　Emploi de la dissonnance de 2de.

OBSERVATION.

On a dit à la règle première; que l'accord doit être complet, lorsque la syncope est dissonnante; en examinant les exemples précédents, il semblera d'abord que les accords ne sont pas complets au moment de la dissonnance, cependant ils le sont si l'on n'a pas oublié que les dissonnances ne sont que des retards des consonnances. D'après cela, on n'a qu'à ôter la dissonnance, et y substituer sa résolution, et l'on s'assurera que l'accord est complet au tems fort de chaque mesure.

EXTENSION À LA RÈGLE.

Nous venons de voir de quelle manière on doit pratiquer les dissonances à quatre parties, en ne faisant qu'un seul accord par mesure; nous allons faire voir une autre manière de les accompagner, qui produit nécessairement deux accords par mesure, et qui fait changer quelquefois la résolution de la dissonance, en la faisant descendre sur un autre intervalle que celui sur lequel elle se résout ordinairement.

EXEMPLES.

Ces exemples renferment deux espèces de dissonnances, les unes sont toujours des retards, mais la consonnance sur laquelle se résoud le retard, appartient à un accord qui n'est plus celui sur lequel se trouve le retard. Comme les exemples 1 et 2. Les autres ne sont plus des retards, ce sont des dissonnances introduites dans l'accord et qui font en partie, comme dans les exemples A. B. C. on obtient alors les accords composés, nommés accord de septième dominante, de septième de seconde, etc. On voit donc, par ces différens exemples, que la dissonnance de 4te peut être résolue sur la quinte ou sur la 6te; que la 7me peut être résolue sur la 6te ou sur la 3^{ce} et la 5te conjointement; que la dissonnance de 9me se résoud sur l'8^{ve} ou sur la 3^{ce} ou sur la sixte; et qu'enfin la dissonnance de 2de peut être accompagnée tantôt par la quarte seule, inaltérée ou augmentée, et tantôt par la 4te et 6te en même tems.

On doit se rappeller que nous avons parlé à la règle 4e de la syncope du contre-point à trois voix, de la manière de pratiquer les dissonnances sur un son soutenu dans la partie grave, qu'on appelle *Pédale*. Nous en reparlons ici, pour avertir qu'on peut les pratiquer à peu près de la même manière à quatre parties; la quatrième partie, qui survient, ne changeant rien à ce que nous avons dit.

En ôtant la pédale de ces deux exemples, on verra que ce qui se passe sur la pédale du 1er exemple n'est au fond qu'une suite de dissonnances de 7me résolues sur la 6te et que ce qui a lieu sur le second exemple, est une suite de secondes.

On va exposer encore des exemples de différentes manières de pratiquer les dissonnances sur une pédale. Ces exemples sont pris dans les ouvrages de Palestrina; on verra que ce Classique s'est servi de la dissonnance de quarte sans préparation d'abord, pour qu'elle devienne préparation à elle même.

On peut aussi se permettre l'usage de la fausse quinte, en la pratiquant ainsi :

EXEMPLES.

On croira, au premier abord, que toutes ces combinaisons ne sont pas admissibles dans la présente espèce, attendu qu'à l'imitation de la même espèce dans le contre-point à deux et à trois parties, on ne devrait ici employer les blanches que dans la partie qui fait les syncopes, tandis que les trois autres parties n'auraient qu'une ronde à chaque mesure; mais dans cette espèce de contre-point à 4 parties, il est permis, quand le cas l'exige, de substituer de tems en tems deux blanches à la ronde, dans les parties qui ne font pas le chant donné. Ce moyen peut être employé pour les syncopes dissonnantes, aussi bien que pour les syncopes consonnantes, on peut donc, à l'aide de cette tolérance, pratiquer, lorsqu'elles pourront avoir lieu, les dissonnances, de la manière indiquée dans les exemples précédents, et se tirer ainsi avec facilité de quelques passages embarrassants. Il ne faut cependant se servir de ces moyens qu'avec réserve, et ne point abuser de la permission. L'exemple d'un chant donné, accompagné des trois autres parties, mettra à même de voir comment on doit se comporter à l'égard de la présente espèce.

EXEMPLE.
tiré de FUCHS.

Comme on le voit par cet exemple, les deux blanches substituées à la Ronde ne sont pas prodiguées; il faudra en agir ainsi, afin de s'accoutumer à vaincre la difficulté qu'il y a à n'avoir que des rondes dans toutes les parties, excepté dans celle qui fait les syncopes. Voyez l'exemple suivant.

Ces exemples offrent quelques unissons, sur des tems faibles, entre les deux parties du milieu; ces unissons sont, en quelque sorte, permis dans cette espèce, à cause de la gêne qui résulte de l'obligation d'avoir toutes les syncopes dans la même partie. Je recommanderai, toutefois, d'avoir beaucoup de discrétion dans l'usage de ces unissons, qu'on ne doit pratiquer qu'après avoir tenté inutilement tous les moyens de les éviter.

Après qu'on se sera exercé suffisamment de la manière indiquée dans cette espèce, on pourra mêler avec la syncope les espèces des deux blanches et des quatre noires, en donnant, tour-à-tour, à chaque partie l'une de ces espèces.

EXEMPLE DE FUCHS.

On peut ne faire commencer la partie des noires qu'après un soupir, de cette manière:  et la partie des blanches, qu'après une pause et demie, afin de donner plus d'élégance à l'entrée de chaque partie

CONTRE-POINT À QUATRE PARTIES.

CINQUIÈME ESPÈCE ___ DU CONTRE-POINT FLEURI.

Les règles établies par les cinq espèces du contre-point à deux, et à trois parties, ainsi que celles qu'on a dictées à l'égard des espèces précédentes du contre-point à 4 voix, doivent suffire pour travailler au contre-point fleuri, sans avoir besoin d'ajouter de nouvelles règles. Voici un exemple de la présente espèce.

EXEMPLE PRIS DANS FUCHS.

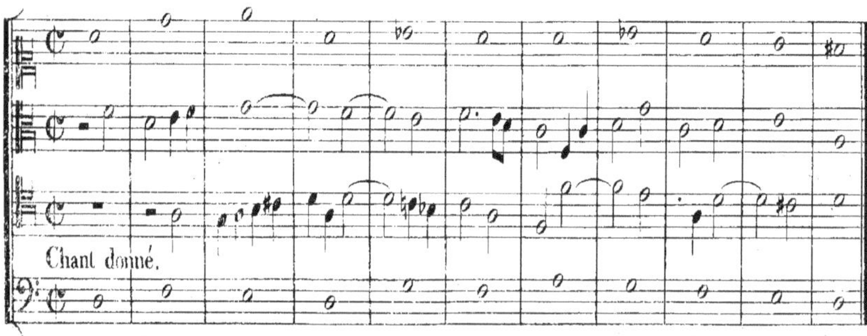

Lorsque l'on se sera assez exercé de cette manière, on pratiquera le contre-point fleuri dans deux parties à la fois, et enfin dans toutes les parties, à l'exception, bien entendu, de celle qui renferme le chant donné.

EXEMPLE.

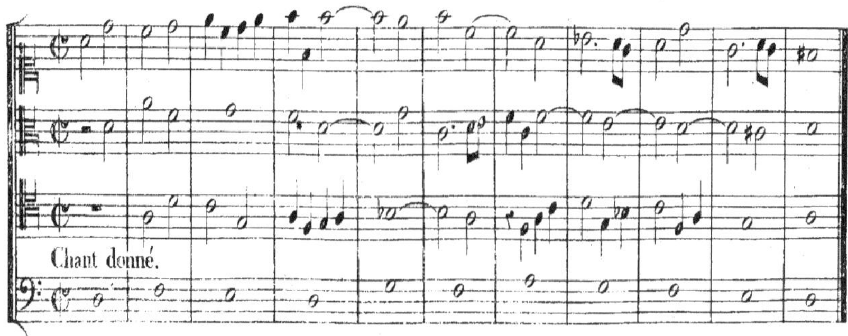

EXEMPLE AVEC DU CONTRE-POINT FLEURI DANS TOUTES LES PARTIES.

CONTRE-POINT À CINQ, À SIX, À SEPT, ET À HUIT PARTIES RÉELLES.

On appelle Réelles, plusieurs parties qui marchent ensemble, et qui toutes ont des mélodies différentes.

On a déja observé, que plus le nombre des parties augmente, et plus l'austerité des règles s'adoucit. Il est donc nécessaire de prévenir que dans les différentes espèces qu'on va traiter ici, les unissons sont tolérés, ainsi que les deux quintes, par mouvement contraire, même entre les deux parties extrêmes; cependant il faut être très réservé dans l'emploi de ces licences; on tolère aussi deux quintes par mouvement direct, lorsque l'une est inalterée et l'autre diminuée, ainsi que les sauts de sixte majeure.

Dans le contre-point à sept, et à huit parties, les deux parties les plus graves, peuvent marcher de l'unisson à l'octave, et de celle-ci à l'autre.

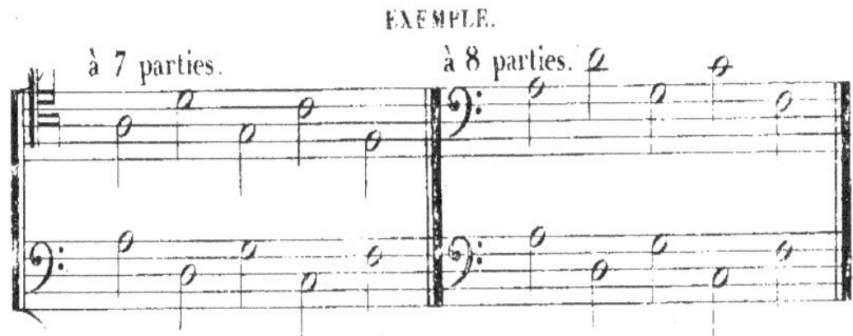

Il est très à propos d'avertir, que dans le contre-point fleuri depuis 5 parties jusqu'a huit, quand on ne fait marcher que deux, ou trois, ou quatre parties, on est assujetti à la rigueur des préceptes déja établis pour le contre-point à deux, à trois, et à quatre parties; ce n'est que de l'instant que les cinq, les six, les sept, et les huit parties marchent réellement ensemble, que commence l'adoucissement à la sévèrité des règles.

Il y a deux manières de composer à huit parties; la première est celle de placer les deux DESSUS l'un après l'autre immédiatement, et les HAUTE-CONTRES, les TAILLES, et les BASSE-TAILLES dans le même ordre; la seconde est celle de partager les huit parties en deux Chœurs, chacun composé de quatre parties, savoir: un DESSUS, une HAUTE-CONTRE, une TAILLE, et une BASSE-TAILLE. Ces deux chœurs isolés doivent être combinés de façon, à ce que l'un des deux puisse marcher tout seul, afin que les deux puissent alternativement s'interroger et se répondre; il faut alors que le chœur qui se tait pendant que l'autre propose, reprenne avant que celui-ci n'ait terminé sa période, et qu'enfin ils finissent par marcher tous les deux ensemble. Dans cette acception, les deux BASSE-TAILLES peuvent aussi jouir de la faculté indiquée dans l'exemple ci-dessus, de procéder d'unisson en octave.

Les anciens Auteurs, quand ils composaient à deux Chœurs, portaient leur attention jusqu'a rendre l'harmonie complète dans chaque chœur, autant dumoins que la nature des sujets qu'ils traitaient et l'arrangement des parties le permettait. Ils s'étaient imposé cette obligation à cause de la distance qui souvent séparait les deux chœurs, et afin que les auditeurs qui se trouvaient placés plus près d'un chœur, que de l'autre, reçussent une sensation plus agréable, en entendant une harmonie complète. Toutefois cette condition n'est point d'une stricte rigueur.

Les anciens maitres ont écrit des compositions dans lesquelles ils ont fait marcher jusqu'à six chœurs à la fois. (1) Il faut beaucoup d'adresse et beaucoup d'attention pour parvenir à vaincre toutes les difficultés qui résultent d'un ensemble aussi nombreux, mais on vient à bout de tout par le travail et avec une organisation flexible.

(1) Ils ont souvent même outrepassé ce nombre; on trouve dans Marpurg un exemple d'un canon à 24 chœurs, c'est-à-dire 96 voix.

Lorsque l'on aura suffisamment étudié le contre-point à quatre parties, on s'exercera progressivement au contre-point à cinq, à six, à sept, et à huit parties, en commençant par Note contre Note, sur un chant donné, et en faisant ensuite, sur ce même chant, du contre-point fleuri dans toutes les parties, sans passer par la filière des blanches, des noires et des syncopes. Il faut s'habituer en écrivant à 5 voix, à travailler tantôt avec deux DESSUS, tantôt avec deux HAUTE-CONTRES, ou deux TAILLES, ou deux BASSE-TAILLES; à six voix, tantôt avec deux DESSUS et deux HAUTE-CONTRES, tantôt avec deux DESSUS, deux TAILLES, ou deux BASSE-TAILLES etc etc. à sept voix, on observera la même alternative, jusqu'à ce qu'on arrive à composer à huit parties, où chaque voix est tout naturellement doublée.

On va donner des exemples de chants donnés, remplis à 5, à 6, à 7, et à 8 parties, d'abord à note contre note, ensuite en contre-point fleuri. On peut placer le chant donné dans la partie qu'on voudra; cependant, dans l'ensemble de tant de parties, le chant donné serait éclipsé s'il était placé dans une des parties du milieu: il vaut donc mieux pour l'effet qu'il soit situé dans l'une des deux parties extrêmes, mais l'élève devra cependant s'exercer à la placer aussi dans l'une des parties du milieu, afin de s'habituer à vaincre toute sorte de difficultés.

EXEMPLE À 5 VOIX. ──── NOTE CONTRE NOTE.

EXEMPLE À 5 PARTIES. ____ CONTRE-POINT FLEURI.

Chant donné. (En plaçant ce même Chant donné as 1er dessus je l'ai transposé afin qu'il ne soit pas si haut.)

EXEMPLE À 6 PARTIES. ____ NOTE CONTRE NOTE.

Chant donné.

EXEMPLE À 6 PARTIES. — CONTRE-POINT FLEURI.
Chant donné transposé.
EXEMPLE À 7 PARTIES. — NOTE CONTRE NOTE.
Chant donné.
Chant donné transposé.

EXEMPLE À 7 PARTIES. — CONTRE-POINT FLEURI. 
Chant donné.
EXEMPLE À 8 PARTIES. — NOTE CONTRE NOTE.
Chant donné.

OBSERVATION.

La pénultième mesure de cet exemple offre une manière d'employer le retard que nous devons signaler à l'attention de l'élève. Les deux parties marquées d'une croix font à la fois le retard et la consonnance retardée. Le second soprano fait entendre la quarte de la basse, laquelle quarte est préparée et résolue suivant les règles; tandis que le second ténor fait entendre la tierce. La seule manière d'employer convenablement ces deux intervalles, dont l'un semble exclure l'autre, est celle qu'offre cet exemple; c'est-à-dire que la partie qui fait la dissonnance doit suivre sa marche régulière, tandis que l'autre doit contenir la consonnance dans une série de sons ascendans par mouvement conjoint, sans s'arrêter sur la consonnance. Cette règle s'applique également à la sixte frappée avec la 7.me, l'8.^{ve} frappée avec la 9.me, etc. Il faut observer que ces deux parties doivent toujours se trouver dans deux octaves différentes, c'est-à-dire que la consonnance ne doit jamais frapper le retard en seconde, mais en 9.me ou en 7.me. Il est inutile d'ajouter qu'on ne tolère l'emploi de ce moyen que lorsque l'on compose pour un grand nombre de voix, c'est-à-dire à 7 et à 8 parties

EXEMPLES:

Tous les exemples qu'on vient de donner, offrent un apperçu de la manière dont on doit traiter le contre-point selon le nombre de parties qu'on emploie. On verra dans les exemples de note contre note, qu'on ne peut éviter les unissons dans certains cas, ainsi que le mouvement direct entre les parties extrêmes pour passer à une consonnance parfaite. Cela a lieu aussi dans les exemples du contre-point fleuri; mais comme dans cette espèce on a plus de moyens de mieux disposer les parties que dans l'autre, il faut faire ensorte, lorsque les unissons seront inévitables, de n'attaquer ceux-ci que dans les tems faibles de la mesure. C'est une attention qu'ont eu les anciens classiques, surtout en composant à plus de quatre parties.

DE L'IMITATION.

L'imitation est un artifice musical; elle a lieu lorsqu'une partie, qu'on nomme ANTÉCÉDENT, propose un sujet, ou chant, et qu'une autre partie, qu'on appelle CONSÉQUENT. répète le même chant, après quelques silences, et à un intervalle quelconque, en continuant ainsi jusqu'à la fin.

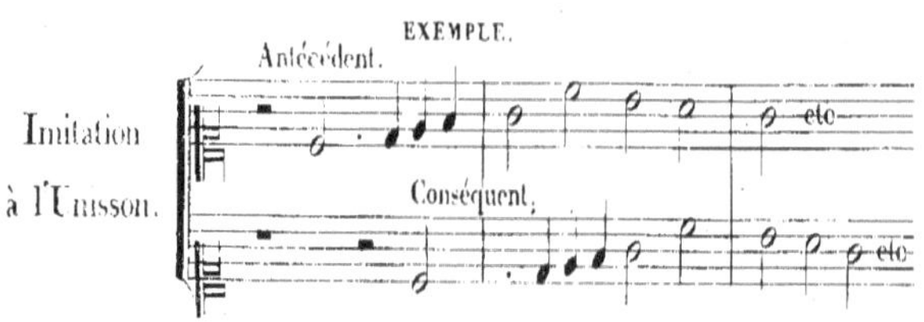

Dans une Imitation, le CONSÉQUENT n'est pas toujours obligé de répondre à l'ANTÉCÉDENT, dans toute l'étendue du sujet que celui-ci a proposé; il peut n'en imiter qu'une partie, et le CONSÉQUENT proposant alors un nouveau chant, devient, à son tour, l'ANTÉCÉDENT.

L'imitation peut se faire de plusieurs manières. On la nomme RÉGULIÈRE ou CONTRAINTE lorsqu'on répond exactement à la nature des intervalles proposés par l'ANTÉCÉDENT, c'est-à-dire, lorsqu'on observe la correspondance des tons et demi-tons; dans ce genre d'imitation, on répond à une seconde mineure par une seconde mineure, à une tierce majeure par une 3ᶜᵉ majeure, ainsi de suite.

Cette imitation s'obtient naturellement quand le CONSÉQUENT imite l'ANTÉCÉDENT à l'unisson, ou à l'octave; la quarte et la quinte se rapprochent un peu de la correspondance exacte des intervalles, mais il faut quelques accidens pour la rendre entièrement telle; il est presque impossible d'obtenir cette identité sur les autres degrés.

L'imitation se nomme LIBRE ou IRRÉGULIÈRE, lorsque cette correspondance n'est pas observée, et qu'on se laisse la liberté de répondre arbitrairement et selon le ton où l'on se trouve aux intervalles du CONSÉQUENT; dans ce genre d'imitation, on peut répondre à une seconde majeure par une seconde mineure, à une tierce mineure par une tierce majeure, &c.

On nomme IMITATION par mouvement SEMBLABLE, celle qui, ainsi que son nom l'indique, suit les mouvemens ascendans ou descendans de l'antécédent; les exemples ci-dessus sont par mouvement semblable.

L'imitation est par mouvement CONTRAIRE, lorsque le CONSÉQUENT répond par des mouvemens ascendans aux mouvemens descendans de l'ANTÉCÉDENT, et vice versa. Cette imitation peut, ainsi que la précédente, être RÉGULIÈRE ou IRRÉGULIÈRE.

L'imitation par mouvement RÉTROGRADE est celle qui imite une période ou un membre de période, en la prenant à rebours, c'est-à-dire, que le CONSÉQUENT commence à la dernière note de la période de l'ANTÉCÉDENT qu'on veut imiter, et retourne jusqu'à la première.

Cette imitation rétrograde peut aussi être RÉGULIÈRE OU IRRÉGULIÈRE, et peut également se traiter par mouvement semblable ou par mouvement contraire.

Il y a encore plusieurs autres sortes d'imitations que nous aurons occasion de nommer par la suite.

Nous allons traiter de chacune de ces espèces, en commençant par les imitations à deux parties.

IMITATION À DEUX PARTIES.

PREMIÈRE SECTION.— IMITATION PAR MOUVEMENT SEMBLABLE.

Toute Imitation, de quelque nature qu'elle soit, ne peut se faire que d'autant de manières qu'il y a d'intervalles dans la Gamme, c'est-à-dire, à l'UNISSON, à la SECONDE, à la TIERCE, à la QUARTE, à la QUINTE, à la SIXTE, à la SEPTIÈME, et à l'OCTAVE, tant en dessus, qu'en dessous de la Tonique.

On a vu au premier exemple la manière de traiter l'Imitation à l'UNISSON, on va donner, consécutivement, les exemples des Imitations sur tous les autres DEGRÉS. On verra à la fin de chaque exemple le mot QUEUE (Coda en Italien) cela signifie CONCLUSION. La QUEUE ne commence que lorsque l'on abandonne l'Imitation afin de terminer, sans cela on irait jusqu'à l'infini.

EXEMPLES.

Imitation à la 3.ᶜᵉ inférieure.
Queue.
Imitation à la 4.ᵗᵉ supérieure.
Queue.
Imitation à la 4.ᵗᵉ inférieure.
Queue.
Imitation à la 5.ᵗᵉ supérieure.
Queue.
Imitation à la 5.ᵗᵉ inférieure.
Queue.
Imitation à la 6.ᵗᵉ supérieure.
Queue.

Il faut s'exercer pendant quelque tems sur toutes ces différentes imitations; nous préviendrons en même tems, qu'on n'est pas rigoureusement astreint à traiter toujours les intonations à la distance juste de 2.de, de 3.ce, etc.; mais qu'on peut, sans craindre d'altérer la nature des intervalles, transposer à l'élévation supérieure ou inférieure, c'est-à-dire, traiter l'imitation de 2.de en 9.me, celle de 3.ce en 10.me, celle de 4.te en 11.me, celle de 5.te en 12.me, celle de 6.te en 13.me, celle de 7.me en 14.me, et enfin celle d'8.ve en 15.me ou double 8.ve. L'unisson seul ne peut être déplacé.

IMITATION À DEUX PARTIES.

SECONDE SECTION — IMITATION PAR MOUVEMENT CONTRAIRE.

DE L'IMITATION LIBRE OU IRRÉGULIÈRE PAR MOUVEMENT CONTRAIRE.

Pour avoir un point de départ fixe dans ce genre d'imitation, les compositeurs qui ont écrit dans le style classique, se sont servis du moyen suivant; ils opposaient à une gamme composée d'une octave (prenons le ton d'*ut*) en commençant par la Tonique, la même série de sons en sens opposé, de cette manière.

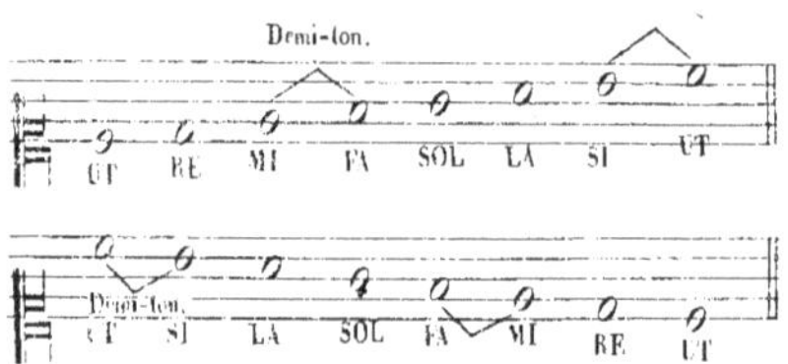

L'on obtiendra, par ce moyen, l'imitation libre par mouvement contraire, exposée dans l'exemple suivant.

EXEMPLE.

Ce moyen peut servir pour le mode majeur et pour le mode mineur relatif.

EXEMPLE.

On peut aussi, pour cette imitation irrégulière par mouvement contraire, se servir de la gamme suivante opposée à elle même, et ce moyen peut être commun au mode majeur, et au mode mineur.

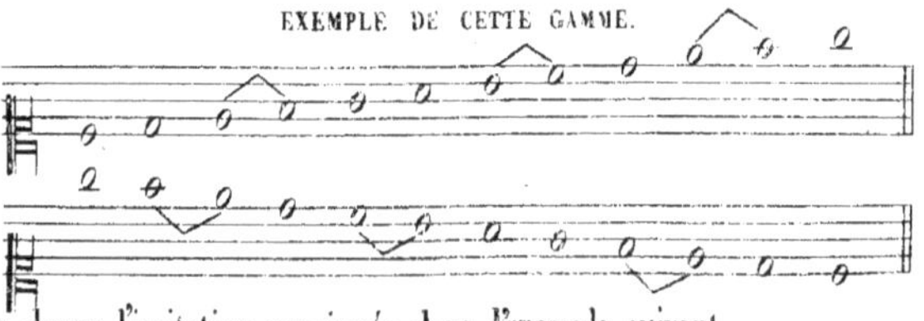

Cette gamme donne l'imitation consignée dans l'exemple suivant.

EXEMPLE.

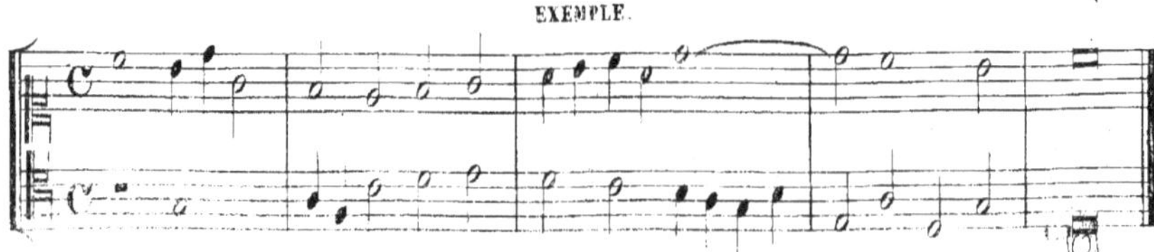

On voit, par ces exemples, que dans le systême de la première gamme, lorsque l'antécédent commence l'imitation par un ut, il faut que le conséquent réponde à l'ut à l'octave; si l'un commence par un si, un sol, ou un la, il faut que l'autre réponde par un re, un mi, ou un fa, etc: dans le systême de la seconde gamme, lorsque l'antécédent commence par un ut, un sol, ou un mi, le conséquent doit répondre par un sol, un ut, ou un mi, etc: une fois que la première note de la réponse est trouvée, toutes les autres notes se placent tout naturellement.

DE L'IMITATION RÉGULIÈRE OU CONTRAINTE PAR MOUVEMENT CONTRAIRE.

Il faut, pour cette espèce d'imitation, se servir d'un moyen semblable à celui qu'on a employé à l'égard de l'imitation irrégulière, mais les gammes qu'on doit opposer l'une à l'autre dans cette occasion, sont différentes. Il faut deux gammes dans lesquelles les demi-tons se trouvent placés aux mêmes degrés, afin que dans l'imitation les Tons, et les Demi-tons se correspondent éxactement.

EXEMPLE.

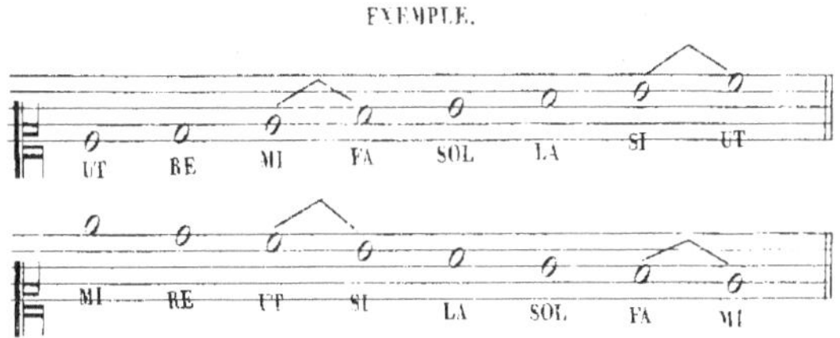

Pour trouver la même correspondance de Tons et de Demi-tons dans le mode mineur, voici comment il faut disposer cette gamme.

EXEMPLE.

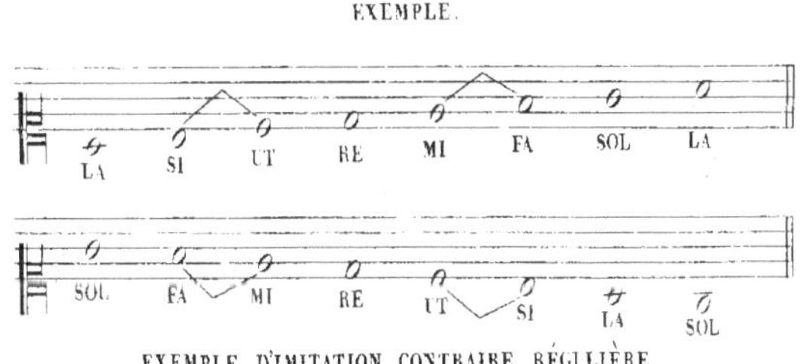

EXEMPLE D'IMITATION CONTRAIRE RÉGULIÈRE.

Il est inutile d'observer que toutes les fois qu'on changera de Ton, il faudra reporter toutes ces gammes données, dans le ton ou l'on fait l'imitation, tant pour les modes majeurs que pour les modes mineurs.

Tout ce que nous venons de dire peut s'appliquer également à l'imitation RÉTROGRADE PAR MOUVEMENT CONTRAIRE, laquelle peut aussi être régulière ou irrégulière.

L'imitation rétrograde contraire, qui consiste, comme nous l'avons dit, à imiter une phrase ou portion de phrase, en commençant par la dernière note et en rétrogradant vers la première, en observant le mouvement contraire, peut se faire de deux manières; savoir: mesure par mesure ou période par période. Voici des exemples de ces deux sortes d'imitation, qui en expliqueront le mécanisme mieux que des paroles.

On vient de donner des exemples de plusieurs manières de traiter l'imitation rétrograde par mouvement contraire; quand à celle par mouvement semblable, nous dirons seulement qu'elle peut avoir lieu sur tous les intervalles, comme les imitations qui composent la première section, nous nous dispenserons de donner des exemples à ce sujet; les élèves se donneront la peine de s'y exercer, en cherchant les moyens de se tirer d'affaire sans l'aide des exemples. D'ailleurs, ces imitations rétrogrades par mouvement semblable, ne sont pas aussi difficiles à traiter que celles que nous avons exposées dans les exemples ci-dessus.

Telles sont les règles des quatre manières principales de traiter l'imitation, savoir: 1.mo par mouvement semblable; 2do par mouvement contraire; 3° par mouvement semblable rétrograde; et 4° par mouvement contraire rétrograde.

DE PLUSIEURS AUTRES SORTES D'IMITATIONS.

Les autres sortes d'imitation qu'il nous reste à mentionner sont: les imitations par AUGMENTATION; par DIMINUTION; par CONTRETEMPS; INTERROMPUES; CONVERTIBLES; PERIODIQUES; CANONIQUES; etc.

Toutes ces imitations peuvent se faire tour à tour avec les quatre mouvemens indiqués, et être traitées régulièrement, ou irrégulièrement, tout cela cependant lorsqu'on le pourra, sans tomber dans des inconvéniens qui entraveraient la mélodie, ou l'harmonie.

OBSERVATION. Les imitations qu'on a citées jusqu'à présent, ainsi que leurs dénominations, sont tirées du Traité de la Fugue et du Contre-point par MARPURG; on pourra le consulter pour s'instruire et connaître les imitations qu'on pourrait avoir omises ici. L'ouvrage de MARPURG, relativement aux Imitations, Fugues, etc: etc: ainsi que pour tous les artifices de la composition, est un des plus complets en ce genre que l'on connaisse; voila pourquoi on le consulte.

L'imitation par AUGMENTATION se fait lorsque l'antécédent propose un chant à imiter, et que le conséquent répond Note par Note en augmentant la valeur de chacune.

EXEMPLE.

L'imitation par DIMINUTION se fait lorsque le conséquent diminue la valeur des notes qui constituent l'imitation.

EXEMPLE.

L'Imitation à CONTRE-TEMS est celle que l'on fait lorsque les parties se suivent par des tems opposés, c'est-à-dire, lorsqu'une partie commence par le tems fort de la mesure et que l'autre répond en commençant par le tems faible. C'est souvent par l'emploi de syncopes qu'on obtient cet artifice.

EXEMPLES:

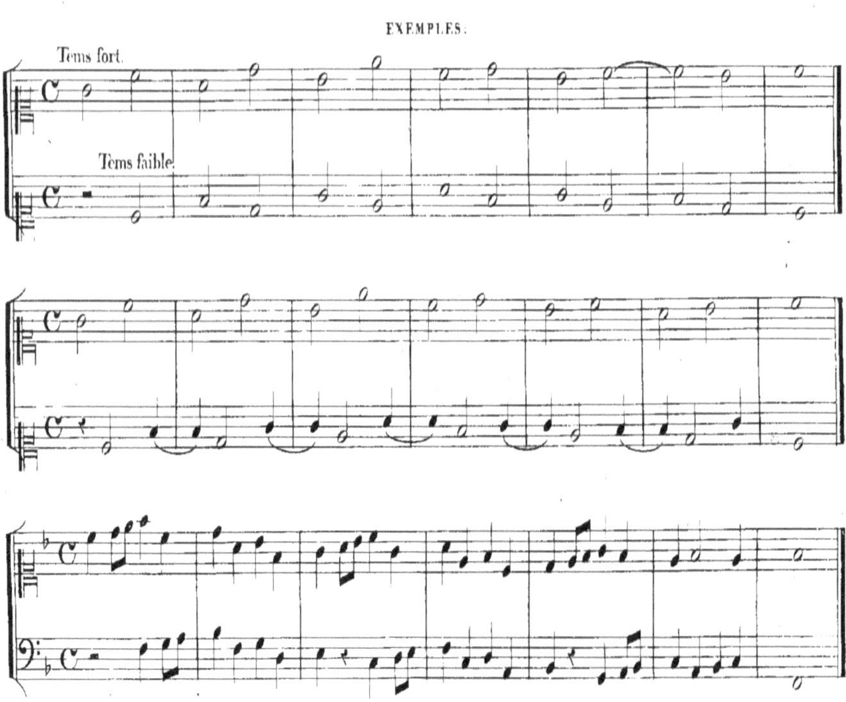

L'Imitation INTERROMPUE se fait en suspendant, par le moyen des silences dans le conséquent, la progression continue des notes du chant proposé par l'antécédant.

EXEMPLES:

On appelle imitation CONVERTIBLE, une période écrite de manière à ce que les parties se puissent renverser sans aucun changement, c'est-à-dire, que la partie supérieure devienne partie inférieure, ou que celle-ci devienne supérieure. Pour obtenir ce moyen, il faut faire attention de n'employer jamais l'intervalle de quinte, parceque dans le renversement cet intervalle produirait celui de quarte. Cette espèce d'imitation est à proprement parler un CONTRE-POINT DOUBLE, ainsi qu'on le verra plus tard.

EXEMPLES:

L'Imitation PÉRIODIQUE a lieu lorsque l'on n'imite qu'une portion du chant, ou thême proposé par l'antécédent. En voici deux exemples.

EXEMPLES.

L'Imitation CANONIQUE est celle où le conséquent répond à l'antécédent note par note depuis le commencement jusqu'à la fin. Cette imitation, qui par sa dénomination même devient ce qu'on appelle CANON, peut être traité de deux manières; savoir: FINIE, lorsqu'on la termine par une QUEUE ou conclusion; INFINIE ou CIRCULAIRE, lorsqu'on la combine de façon qu'on puisse revenir de la fin de l'imitation au commencement sans s'arreter.

EXEMPLE
d'une imitation canonique finie.

EXEMPLE
d'une imitation canonique infinie.

On doit chercher, autant qu'il sera possible, à s'exercer sur toutes ces imitations par tous les mouvemens et à tous les intervalles. Ce que nous avons exposé dans la première et dans la seconde section, relativement aux imitations, doit suffire; nous allons traiter des imitations à trois et à quatre parties

TROISIÈME SECTION.— DES IMITATIONS À TROIS ET À QUATRE VOIX.

Toutes les espèces d'Imitations dont on a parlé dans les deux sections précédentes, peuvent se traiter à trois, à quatre, et même à un plus grand nombre de parties. AZZOPARDI, compositeur malthais, s'est servi de deux chants donnés, sur lesquels on peut s'exercer à placer toutes sortes d'imitations, soit à un intervalle supérieur, soit à un intervalle inférieur. Je pense qu'on peut d'abord suivre cette méthode; elle ne peut qu'être très avantageuse à l'étude des imitations, et au travail de l'élève.

Dans ce dernier exemple, il y a une partie qui tient seulement à l'ensemble, et n'a nulle analogie avec l'imitation; voila pourquoi on l'a nommée AD LIBITUM. On sera obligé d'en agir de même lorsqu'on voudra avoir quatre parties, et qu'on se bornera à ne faire sur le chant donné qu'une seule imitation entre les deux autres parties. Si l'on voulait avoir sur le chant donné trois parties en imitation, il y aurait alors deux conséquents, qui tous deux imiteraient le sujet proposé par l'antécédent, au même intervalle ou à un intervalle différent.

Après qu'on se sera exercé à traiter l'imitation sur le chant donné dans deux parties seulement, avec ou sans la quatrième partie AD LIBITUM, depuis l'imitation à l'unisson jusques et inclusivement à l'imitation à l'octave, on entreprendra le travail ci-dessus annoncé, savoir: d'introduire les deux conséquents, au moyen desquels on aura une double imitation.

EXEMPLE.

On doit avertir avant d'aller plus loin, que ce chant donné, pourra être écrit au besoin, et si on le juge à propos, en notes rondes ainsi: au lieu d'être écrit en notes quarrées.

Une fois que l'élève aura suffisamment travaillé les imitations entre deux et trois parties sur les deux chants donnés, il faudra qu'il s'exerce à traiter l'imitation à trois, et ensuite à quatre parties sans chant donné. Il sera nécessaire, à ce sujet, qu'il consulte l'ouvrage de MARPURG, afin de voir toutes les combinaisons des intervalles, au moyen desquels on peut faire des imitations. C'est pour avoir sous les yeux un grand nombre d'exemples, que l'on conseille de consulter l'ouvrage de MARPURG. Voici deux exemples d'imitations, l'un à trois parties, et le second à quatre, qui suffiront pour donner un apperçu de ce travail.

EXEMPLE A TROIS PARTIES.

Imitation canonique.

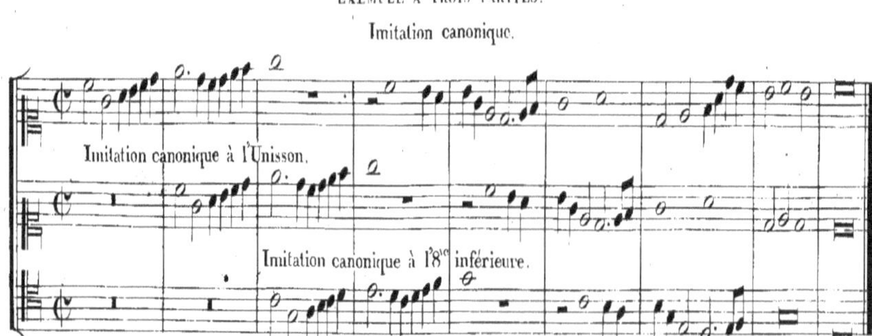

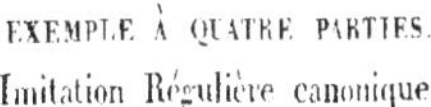

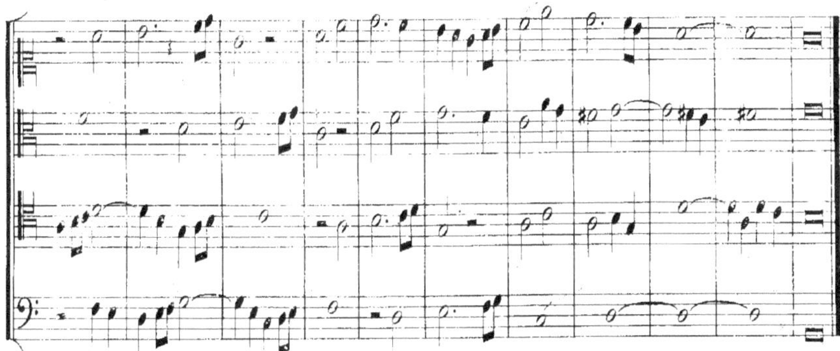

On doit aussi s'exercer à traiter l'imitation à 5, à 6, à 7, et à 8 voix, soit sur les basses données, soit en cherchant des imitations sans aucune de ces basses, c'est-à-dire, en composant soi-même tout l'ensemble. On pourra mêler des parties AD LIBITUM ou d'ACCOMPAGNEMENT, si l'on ne peut pas réussir à faire des imitations régulières, dans toutes les parties.

Avant de terminer cette section, on va donner connaissance d'une autre espèce d'imitation, qu'on peut pratiquer à 8 parties par le moyen des deux Chœurs. Cette imitation porte la dénomination d'INVERSE CONTRAIRE.

EXPLICATION.

On propose un Thême à quatre parties dans l'un des deux chœurs; la réponse doit être faite par l'autre.

Pour que la réponse soit inverse, il faut que la Basse du Thême soit placée dans la partie du Soprano de la réponse, que la partie du Soprano soit mise à la Basse, et la partie du Contralto à celle du Tenor, et enfin celle du Tenor au Contralto.

Pour que la réponse soit contraire, il faut que chaque partie de la réponse, réponde par mouvement contraire, et dans l'ordre exprimé ci-dessus, aux parties qui ont proposé le Thême.

Pour obtenir cet artifice, voici la règle qu'il faut observer; il ne faut jamais qu'aucune des parties inférieures se trouve en quarte avec le Soprano, à moins que cette quarte ne procède par degré comme une dissonnance passagère. Pour ce qui regarde le mouvement contraire, il faut l'obtenir par le moyen des gammes dont nous avons parlé à la seconde section, au sujet de ce mouvement contraire; toutefois nous allons, pour plus d'intelligence dans l'usage que l'on doit en faire, les produire de nouveau dans l'ordre suivant.

Voici d'autres gammes que nous n'avons pas proposées en traitant l'imitation par mouvement contraire à deux parties, et qu'on pourra employer lorsqu'on voudra se servir du genre chromatique pour moduler.

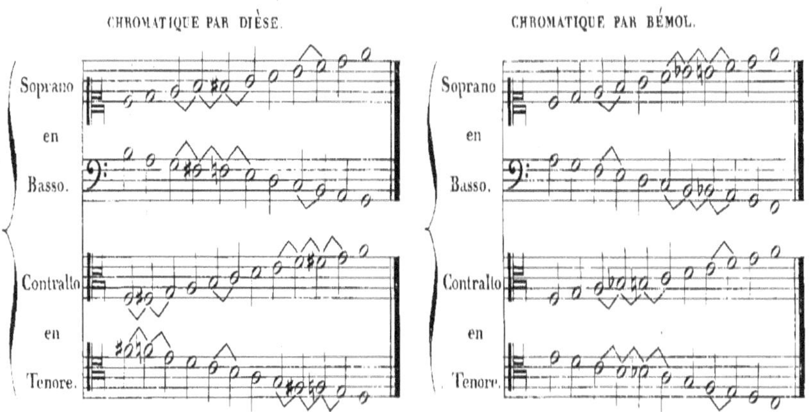

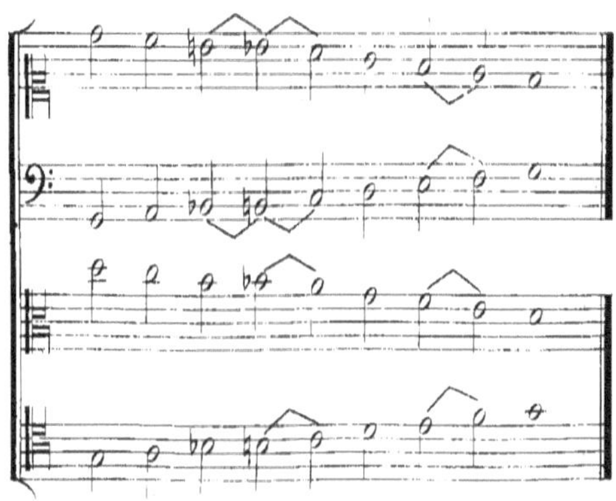

On peut se servir de la gamme N.º 3, lorsque dans le mode d'ut on voudra moduler à sa dominante; et l'on pourra employer la gamme N.º 4, quand dans le mode d'ut on voudra moduler à la sous-dominante; voyez l'exemple suivant.

Avant que de donner un exemple étendu de cette espèce d'imitation, il est nécessaire de prevenir qu'il est indispensable que la réponse inverse contraire, entre avant que la période de chaque Thême soit terminé, ou bien sur la fin de celle-ci; le Thême doit rentrer à son tour, ou avant la réponse, ou sur la fin de la réponse. D'après cette règle, on sent qu'il faudra combiner l'harmonie et les parties, de façon à ce qu'elles puissent se prêter à cette disposition, à l'égard des rentrées. L'exemple fera mieux concevoir tout ce que l'on vient de dire.

Gamme N.º 4.
Gamme en UT.

Gamme N.º 3
Gamme en UT.

Queue.
Queue.

DU CONTRE-POINT DOUBLE.

Le Contre-point double est une composition, dont l'artifice consiste à combiner les parties de manière à ce qu'elles puissent, sans aucun inconvénient, être transposées de l'AIGU au GRAVE, si elles sont placées au dessus du Thême, et du GRAVE à l'AIGU, si elles sont placées au dessous, tandis que le Thême n'éprouve aucun changement dans sa mélodie, soit qu'il se trouve dans une des parties extrêmes, ou qu'il se trouve dans une des parties intermédiaires.

Ces renversemens pouvant se faire de sept manières, il y a par conséquent, sept espèces de Contre-points doubles, savoir: à la NEUVIEME OU SECONDE; à la DIXIEME OU TIERCE; à la ONZIEME OU QUARTE; à la DOUZIEME OU QUINTE; à la TREIZIEME OU SIXTE; à la QUATORZIEME OU SEPTIEME; et à la QUINZIEME OU OCTAVE. Ceux qu'on emploie le plus souvent sont ceux à la DIXIEME OU TIERCE; à la DOUZIEME OU QUINTE; et à la QUINZIEME ou octave.

Avant de parler de chacune de ces sept espèces séparément, il est nécessaire d'observer en général: 1°: que pour un contre-point double, il faut que les parties se distinguent l'une de l'autre, autant qu'on pourra, par la valeur des notes, c'est-à-dire, que si le Thême est composé de rondes ou de blanches il faut lui opposer des noires et des croches, autant et de la manière toutefois, qu'on le pratique à l'égard du contre-point fleuri; 2°: que la partie qui fait le contre-point doit commencer après le Thême; 3°: qu'il ne faut pas sans raison, et au hazard, faire croiser les parties, parcequ'alors les intervalles ne changeraient point dans la transposition, ou renversement du contre-point de l'AIGU au GRAVE, ou du GRAVE à l'AIGU; 4°: que dans tous les contre-points doubles, excepté dans celui à l'octave, non seulement il est permis, mais il est même nécessaire d'altérer les intervalles en renversant, surtout quand les modulations l'éxigent.

SECTION PREMIÈRE.

CONTRE-POINT DOUBLE À DEUX PARTIES.

RENVERSEMENS À L'OCTAVE.

Lorsque le renversement, ou la transposition d'une partie se fait à la distance d'une OCTAVE ou QUINZIEME, le contre-point prend la dénomination de contre-point double à l'octave.

Pour apprendre à faire ce contre-point, il faut savoir quels sont les intervalles qu'on doit éviter, pour que le renversement soit correct. Pour obtenir cette connaissance, on doit placer deux rangs de chiffres, qui n'éxcèdent pas le nombre 8, en opposant un rang à l'autre, ainsi:

1.	2.	3.	4.	5.	6.	7.	8.
8.	7.	6.	5.	4.	3.	2.	1.

Les chiffres du rang supérieur indiquent les intervalles du Contre-point; ceux du rang inférieur, les intervalles qui en résultent en le renversant. On voit donc que le 1. ou UNISSON, se change en OCTAVE; la SECONDE en SEPTIEME; la TIERCE en SIXTE; la QUARTE en QUINTE, ainsi réciproquement des autres.

On ne doit pas trop employer l'octave et l'unisson, parcequ'ils ne produisent pas assez d'harmonie, éxcepté pourtant au commencement et à la fin du Thême, et lorsqu'on veut employer la syncope.

EXEMPLES.

On doit éviter la QUINTE parcequ'elle devient QUARTE. On ne peut s'en servir que comme note de passage, ou quand elle est employée comme syncope.

EXEMPLES.

 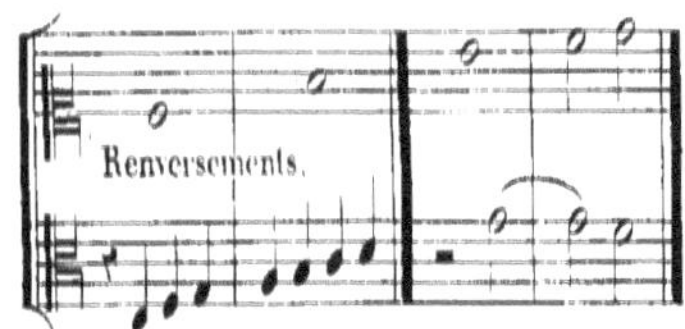

La QUARTE étant sujette aux mêmes inconvénients, et aux mêmes éxceptions que la QUINTE, on doit l'éviter et l'admettre comme elle.

Tous les autres intervalles peuvent être employés, en les soumettant aux lois qui les concernent. On doit éviter aussi d'éloigner les parties audelà des bornes de l'octave, car les intervalles qui éxcedent ces bornes, ne subissent aucun changement dans le renversement, c'est-à-dire que la tierce reste tierce, la sixte reste sixte, etc.

EXEMPLES.

On va donner un exemple étendu du contre-point double à l'octave, dans lequel on pourra voir comment tous les intervalles doivent être employés, pour obtenir un renversement correct.

EXEMPLES.

Manières différentes de pratiquer les renversements, à l'égard de l'exemple précédent.

Avant que de passer à une autre espèce, il est essentiel d'observer que la dissonnance de neuvième ne peut être employée dans le contre-point double à l'octave, puisqu'elle ne pourrait être renversée, le contre-point double à l'octave est un des contre-points les plus usités.

RENVERSEMENT À LA NEUVIÈME.

Quand le renversement d'un contre-point se fait à la NEUVIÈME soit à l'aigu, soit au grave, le contre-point prend le nom de DOUBLE A LA NEUVIEME OU SECONDE, les combinaisons de cette espèce de contre-point sont données par le moyen déjà employé pour celui à l'octave, qui consiste à opposer l'une à l'autre deux séries de chiffres, dont chaque série doit être bornée par le chiffre indiqué par la dénomination du contre-point, c'est-à-dire que chaque série dans le contre-point à l'octave étant composée de huit chiffres, dans le contre-point à la NEUVIÈME, dont il s'agit ici, chaque série doit être composée de neuf chiffres. Il en doit être de même pour les contre-points qui vont suivre, et pour lesquels on emploira la progression qui leur sera propre, savoir, pour le contre-point à la DIXIEME, dix chiffres; pour celui à la ONZIEME, onze; ainsi du reste. Nous donnons ici cette explication, pour n'être point obligés d'en parler encore lorsque l'on traitera les espèces qui viendront après.

Voici donc les séries des chiffres qui appartiennent au contre-point double à la NEUVIÈME.

$$1. \quad 2. \quad 3. \quad 4. \quad 5. \quad 6. \quad 7. \quad 8. \quad 9.$$
$$9. \quad 8. \quad 7. \quad 6. \quad 5. \quad 4. \quad 3. \quad 2. \quad 1$$

Par cette épreuve, on voit que l'UNISSON se change en NEUVIEME; la SECONDE en OCTAVE, et ainsi de suite. La QUINTE fait ici l'intervalle principal; elle mérite le plus d'attention, soit pour préparer et sauver, non seulement les intervalles dissonnans, mais encore ceux qui le deviennent par le renversement. La dissonnance de QUARTE résolue en TIERCE; la dissonnance de SEPTIEME résolue en SIXTE; celle de SECONDE etc. voilà les moyens propres à combiner un contre-point double à la NEUVIEME, lequel doit se renfermer dans l'étendue d'une neuvième, par les mêmes raisons que celui à l'OCTAVE ne doit pas excéder les bornes de l'octave.

EXEMPLES TIRÉS DE MARPURG.

En transposant le Thême d'une octave à l'aigu, et le contre-point d'un ton plus bas, on aura le contre-point double à la SECONDE.

En transposant le Thême à la seconde supérieure, et le contre-point à une octave au grave, on aura le renversement suivant, auquel il faut ajouter des accidens, attendu que le ton change.

AUTRES EXEMPLES.

Parmi les contre-points doubles, celui à la neuvième est un des plus bornés, des plus ingrats à traiter, et des moins usités; lorsque l'on s'en sert, il ne faut l'employer que pendant peu de mesures.

RENVERSEMENT A LA DIXIEME.

Nous allons traiter du contre-point double à la DIXIEME OU TIERCE, en commençant par la règle ordinaire, des deux rangs de chiffres.

1. 2. 3. 4. 5. 6. 7. 8. 9. 10.

10. 9. 8. 7. 6. 5. 4. 3. 2. 1.

Par ces deux séries, on voit qu'on ne peut faire deux TIERCES ou deux DIXIEMES de suite, puisqu'il en résulterait deux OCTAVES et deux UNISSONS.

Qu'on ne doit pas employer non plus deux SIXTES de suite, parceque le renversement produirait deux QUINTES.

Que la QUARTE et la SEPTIEME ne doivent être employées que comme dissonnances passagères, (Ex: 1.) à moins que la QUARTE ne soit résolue en QUINTE ou en SIXTE (Ex: 2.) et que la SEPTIEME ne soit résolue en QUINTE. (Ex: 3.)

EXEMPLES.

Qu'il faut résoudre la NEUVIEME, ou par l'OCTAVE ou par la QUINTE, de cette manière.

D'après cette analyse, avec du raisonnement, de l'intelligence et de l'application, on peut s'exercer sur cette espèce de contre-point double, dont on va donner un exemple étendu.

EXEMPLE.

On peut renverser ce contre-point de plusieurs manières, savoir:

Dans tous les renversemens et transpositions de cet exemple, il sera peut être nécessaire d'ajouter soit au Thème, soit au contre-point des accidents, et quelquefois une troisième partie afin de rendre l'ensemble plus correct; toutefois nous n'en avons rien indiqué, attendu qu'on peut construire un contre-point de manière, à ce qu'on n'ait besoin ni de telles altérations, ni d'aucune addition de parties. Les petits exemples exposés ci-dessus n'ont été donnés que pour faire voir de combien de manières on peut renverser un double contre-point à la dixième. Ce contre-point double, est un des plus usités, ainsi que celui à l'octave.

RENVERSEMENT À LA ONZIÈME.

Nous allons traiter du contre-point double à la ONZIÈME ou QUARTE, dont nous allons annaliser les combinaisons par le moyen usité des deux rangs de chiffres.

1. 2. 3. 4. 5. 6. 7. 8. 9. 10. 11.

11. 10. 9. 8. 7. 6. 5. 4. 3. 2. 1.

D'après cet aspect, la SIXTE est dans ce contre-point l'intervalle principal, et c'est par elle qu'on peut commencer ou finir; c'est par elle qu'il faut préparer et résoudre non seulement les dissonnances, mais encore les consonnances qui se changent en dissonnances par les renversements.

L'intervalle de ONZIÈME sert de bornes à ce Contre-point. On va donner un Exemple développé d'un Contre-point de cette éspèce.

3.° Renversement. { Transposer le Thème une *Quinte* au grave, tandis que le Contre-point reste à sa place.

4.° Renversement. { Transposer le Thème d'une *Quarte* à l'aigu, et le Contre-point d'une *Quinte* au grave.

5.° Renversement. { Transposer le Thème d'une *Quarte* à l'aigu ou d'une *Quinte* au grave, et le Contre-point d'une *Quarte* à l'aigu, ou d'une *Quinte* au grave.

Le contre-point double à la ONZIÈME, est de tous les contre-points doubles peu usités, celui qui peut être employé avec le moins d'inconvéniens et de difficultés.

RENVERSEMENT À LA DOUZIÈME.

Voici les deux rangs de chiffres qu'il faut comparer ensemble pour obtenir les renversemens du contre-point double à la DOUZIÈME.

1. 2. 3. 4. 5. 6. 7. 8. 9. 10. 11. 12.

12. 11. 10. 9. 8. 7. 6. 5. 4. 3. 2. 1.

On voit que l'UNISSON ou OCTAVE se change dans cette espèce en DOUZIÈME, la SECONDE en ONZIÈME etc.

La SIXTE, qui par le renversement devient SEPTIÈME, doit être préparée soit dans la partie supérieure, soit dans la partie inférieure, et la basse doit ensuite descendre d'un degré.

EXEMPLES DE MARPURG.

Voici un exemple étendu du Contre-point double à la DOUZIÈME.

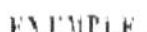

EXEMPLE.

1re Manière de renverser. — Transposer le Contre-point d'une *Douzième* au grave, tandis que le Thème reste à sa place.

2e Idem .... — Transposer le Thème d'une *Douzième* à l'aigu, tandis que le Contre-point reste à sa place.

3e Idem .... — Transposer le Thème à l'*Octave* aigue, et le Contre-point à la *Quinte* grave.

4e Idem .... — Transposer le Thème d'une *Quinte* à l'aigu et le Contre-point d'une *Octave* au grave.

Ce contre-point est un des plus usités, et un des plus féconds en ressources.

RENVERSEMENT A LA TREIZIÈME.

Le Contre-point double à la TREIZIÈME OU SIXTE, s'obtient par le même moyen que les autres Contre-points doubles, c'est-à-dire par les deux séries de chiffres. Voici ceux qui appartiennent au Contre-point dont il est ici question.

1. 2. 3. 4. 5. 6. 7. 8. 9. 10. 11. 12. 13.

13. 12. 11. 10. 9. 8. 7. 6. 5. 4. 3. 2. 1.

Il est facile de voir qu'on ne doit pas employer dans cette espèce deux SIXTES de suite.

La SEPTIÈME ne pouvant pas être sauvée d'une manière régulière, il faut l'employer comme dissonnance passagère.

La SECONDE, TIERCE, QUARTE, QUINTE et NEUVIÈME, doivent se préparer par la SIXTE ou par l'octave, soit en dessus, soit en dessous, et se sauver par un de ces intervalles.

EXEMPLES.

L'intervalle de TREIZIÈME sert de borne à ce Contre-point.

On va donner un exemple étendu du Contre-point double à la TREIZIÈME, ou SIXTE, Contre-point dont l'usage est moins fréquent que les Contre-points à l'octave, à la DIXIÈME, et à la DOUZIÈME.

EXEMPLE.

On renverse ce Contre-point, en transposant d'abord la partie supérieure à la TREIZIÈME, au dessous du Thème. On transposera ensuite le Thème d'une SIXTE plus haut, ou d'une TIERCE plus bas, tandis que le Contre-point ne bougera pas; on peut aussi transposer le Thème une TIERCE plus bas, et le Contre-point une TIERCE plus haut; etc. etc.

RENVERSEMENT À LA QUATORZIÈME.

Il reste enfin à parler du Contre-point double à la QUATORZIÈME OU SEPTIÈME. Voici les deux séries de chiffres qui en donnent les renversemens.

1. 2. 3. 4. 5. 6. 7. 8. 9. 10. 11. 12. 13. 14.

14. 13. 12. 11. 10. 9. 8. 7. 6. 5. 4. 3. 2. 1.

Selon les combinaisons ci-dessus, il faut éviter deux TIERCES de suite, surtout par mouvement semblable, attendu que dans la transposition, elles produiraient deux QUINTES.

Toute consonnance, ainsi que l'OCTAVE et la SIXTE qui deviennent des dissonnances en renversant, doivent se préparer et se sauver ou par la TIERCE, ou par la QUINTE.

EXEMPLES.

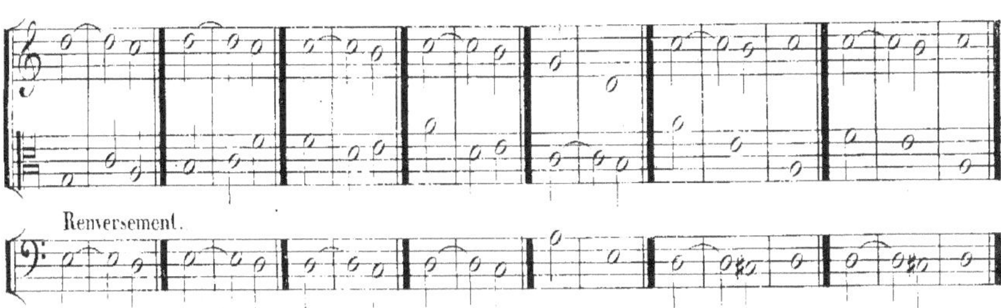

L'intervalle de QUATORZIÈME sert de limites à ce Contre-point.

EXEMPLE ÉTENDU DU CONTRE-POINT À LA QUATORZIÈME.

SECTION DEUXIÈME

CONTRE-POINT TRIPLE ET QUADRUPLE.

Le Contre-point DOUBLE est naturellement à deux parties, ainsi qu'on l'a vu dans la section précédente; le TRIPLE est à trois parties, et le QUADRUPLE à quatre parties. En traitant les Contre-points dont il s'agit ici, on parlera seulement de ceux qui sont le plus usités, savoir: à l'OCTAVE, à la DIXIEME et à la DOUZIEME. Les règles que nous allons donner pour ces Contre-points enseigneront aussi à traiter ceux dont nous ne parlerons pas.

CONTRE-POINT *TRIPLE* ET *QUADRUPLE* A *L'OCTAVE.*

Il y a deux manières de composer ces Contre-points, la première et la plus facile consiste à ajouter à un Contre-point double, une ou deux parties marchant en TIERCES, soit avec la partie inférieure, soit avec la partie supérieure.

Le Contre-point double, pour être susceptible de recevoir ces deux parties en TIERCES, ou même une seule, doit être construit suivant certaines conditions; savoir: 1°. il ne doit contenir, dans toute son étendue, ni deux TIERCES, ni deux SIXTES de suite, par conséquent il doit être écrit tout entier en mouvement contraire ou en mouvement oblique. 2°. il ne doit renfermer aucune dissonnance, excepté celles passagères.

Pour transformer d'abord ce Contre-point DOUBLE en TRIPLE, on n'a qu'à ajouter une troisième partie, soit à la TIERCE au-dessus de la partie supérieure, ou à la TIERCE au-dessus de la partie inférieure.

Pour convertir le même Contre-point DOUBLE, en QUADRUPLE, il faut réunir aux deux parties principales, les deux parties que nous venons d'y ajouter; l'une, une TIERCE au-dessus de la partie supérieure, et l'autre, une TIERCE au-dessus de la partie inférieure.

On peut renverser ensuite les parties de ce Contre-point de plusieurs manières, comme l'exemple suivant va l'indiquer.

EXEMPLE.

L'autre manière de pratiquer le Contre-point TRIPLE et QUADRUPLE à l'octave, consiste à combiner les parties de manière à ce qu'elles puissent se renverser, c'est-à-dire que chaque partie puisse être placée au grave ou à l'aigu, sans rien changer à la mélodie, et sans qu'il en résulte le moindre inconvénient ni la moindre infraction aux règles les plus sévères. Il est indispensable, pour cela, que les parties ne se trouvent jamais entr'elles ni en QUARTE, ni en QUINTE, excepté dans le cas où la mélodie marcherait par mouvement conjoint, et celui où l'on emploierait les dissonnances préparées de SECONDE, de QUARTE, et de SEPTIÈME. La dissonnance de NEUVIÈME préparée est impraticable dans cette espèce de Contre-point, comme nous l'avons déja dit pour le Contre-point double à l'octave.

EXEMPLES D'UN CONTRE-POINT TRIPLE DE CETTE ESPÈCE.

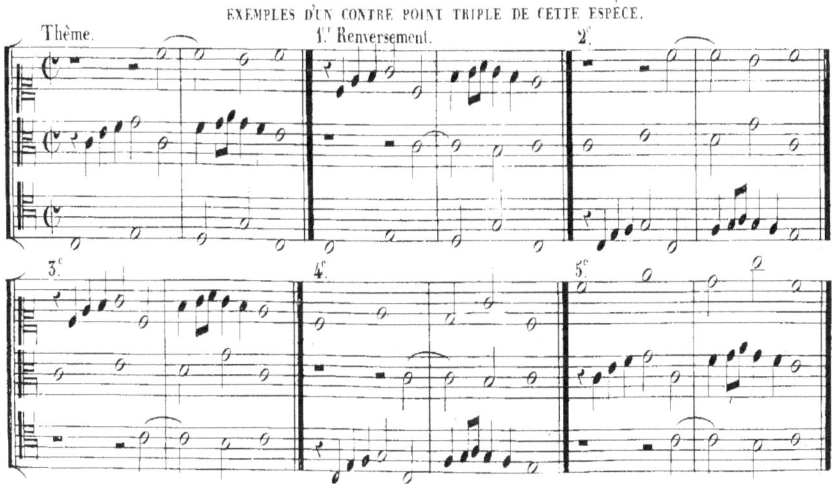

Cette espèce de Contre-point, par sa nature et sa régularité dans les renversemens, peut être appliqué aux contre-sujets d'une fugue, comme on le verra lorsqu'il s'agira de cette espèce de Composition.

CONTRE-POINT *TRIPLE* ET *QUADRUPLE* À LA *DIXIÈME*.

En observant les règles établies dans la première section au sujet du Contre-point DOUBLE à la DIXIÈME, ainsi que les lois qui imposent l'obligation d'employer les mouvemens CONTRAIRE et OBLIQUE, on obtiendra le Contre-point TRIPLE et QUADRUPLE à la DIXIÈME.

EXEMPLE D'UN CONTRE-POINT DOUBLE A LA DIXIEME.

Pour convertir ce Contre-point DOUBLE en TRIPLE, on n'a autre chose à faire qu'à ajouter à ces deux parties le renversement de la partie supérieure à une DIXIÈME au grave, ou celui de la partie inférieure à une DIXIÈME à l'aigu.

EXEMPLES.

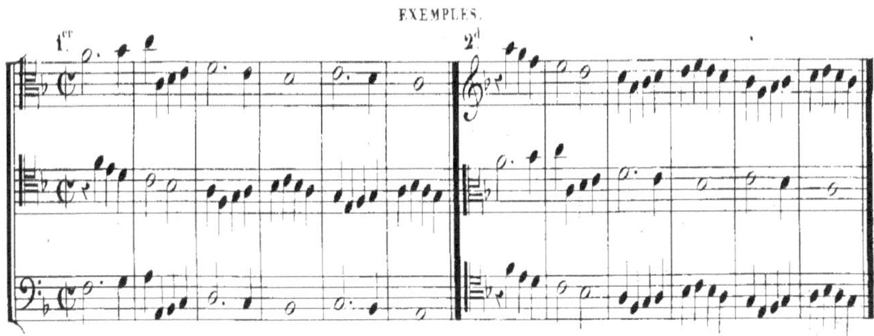

Pour obtenir le Contre-point QUADRUPLE, je propose d'abord l'exemple suivant d'un Contre-point DOUBLE à la DIXIÈME.

EXEMPLE.

De ce Contre-point DOUBLE l'on en fait un TRIPLE en ajoutant une troisième partie à la distance d'une DIXIÈME ou d'une TIERCE de l'une ou de l'autre des deux parties existantes, et en renversant, tour à tour, toutes ces parties de la manière pratiquée dans l'exemple du Contre-point QUADRUPLE à l'OCTAVE.

En ajoutant à ce même Contre-point double les deux parties en tièrces de la manière suivante, on obtiendra un Contre-point quadruple à la dixième.

Ce Contre-point, du moins tel qu'il est combiné dans l'exemple ci-dessus, ne donne point un grand nombre de renversemens exempts de reproches.

CONTRE-POINT *TRIPLE* ET *QUADRUPLE* À LA *DOUZIÈME*.

Pour obtenir le Contre-point TRIPLE et QUADRUPLE à la DOUZIÈME, il faut, en le combinant d'abord d'après les règles qui lui sont propres, en agir ensuite de la même manière qu'on en a usé à l'égard du Contre-point à l'OCTAVE, c'est-à-dire, avoir le soin d'éviter les dissonances, non passagères, et observer exactement les mouvemens contraire et oblique.

EXEMPLE D'UN CONTRE-POINT DOUBLE A LA DOUZIEME.

Pour faire un TRIPLE Contre-point d'un DOUBLE, on n'a qu'à ajouter toujours une troisieme partie, soit à la tierce au dessous de la partie supérieure, soit à la tierce au-dessus ou dessous de la partie inférieure.

EXEMPLES.

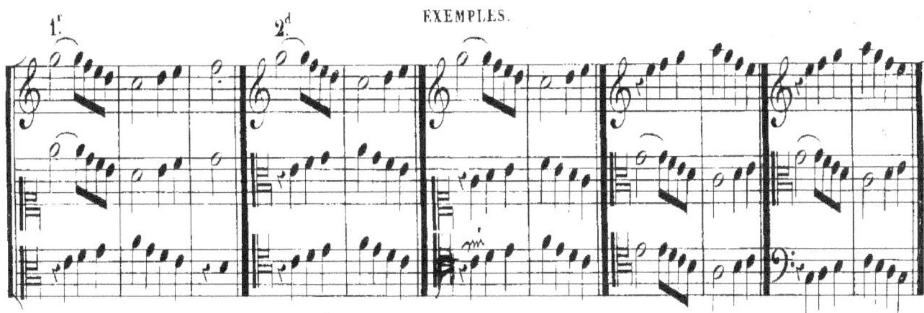

Et pour transformer un Contre-point DOUBLE OU TRIPLE en un Contre-point QUADRUPLE, on n'a qu'à se régler d'après l'exemple suivant.

EXEMPLES.

CONCLUSION.

Tous ces exemples donnent lieu à une remarque importante, c'est que malgré les dénominations de Contre-point TRIPLE et QUADRUPLE à la DIXIEME ou à la DOUZIEME, il n'y a de véritable Contre-point TRIPLE ou QUADRUPLE que celui à l'OCTAVE.

Et en effet, les combinaisons de cette espèce de Contre-point permettent seules de composer un morceau, à trois ou à quatre voix, (ou même à un plus grand nombre de voix) dans lequel les parties puissent se prêter à un renversement complet; dans un bon Contre-point QUADRUPLE à l'OCTAVE, les parties peuvent, sans difficulté, se déplacer, et fournir ainsi une foule d'aspects nouveaux, en se transportant de l'aigu au medium, ou au grave, tandis que le grave remonte du medium à l'aigu.

Mais il est, pour ainsi dire, impossible de composer à trois et à quatre voix, avec la condition que toutes les parties pourront, chacune à leur tour, se transporter à la tierce ou à la DIXIEME inférieure et supérieure, à la QUINTE ou à la DOUZIEME inférieure ou supérieure, sans cesser jamais d'être en harmonie avec ces trois autres parties, on est donc obligé d'user d'artifice pour obtenir les Contre-points dits TRIPLES et QUADRUPLES à la DIXIEME et à la DOUZIEME.

En composant, comme nous l'avons dit, un Contre-point DOUBLE à l'un ou à l'autre de ces intervalles, en mouvement contraire ou oblique, afin de ne jamais avoir deux TIERCES de suite, en y évitant toutes les dissonnances préparées, il devient possible d'ajouter à chacune des deux parties une autre partie en TIERCE, et le Contre-point devient TRIPLE ou QUADRUPLE par l'adjonction de l'une de ces parties ou de toutes les deux à la fois.

Mais dans le Contre-point QUADRUPLE à la DIXIEME obtenu par ce procédé, il n'y a plus de renversement à la DIXIEME possible, puisque ce sont les renversemens eux-mêmes qui marchent avec les parties principales pour faire les quatre parties, mais ce Contre-point pourra se renverser à l'OCTAVE c'est-à-dire, que l'on pourra changer la place qu'occupent les diverses parties, si l'on a eu soin d'observer les règles du Contre-point DOUBLE à l'OCTAVE.

Le Contre-point QUADRUPLE à la DOUZIEME est plus réel et plus varié, c'est-à-dire, que sur les quatre parties, ainsi combinées, il y en aura toujours deux qu'on pourra en effet transporter, l'une à la QUINTE supérieure, l'autre à la QUINTE inférieure, ce sont les deux parties principales, qui ne cessent point pour cela de pouvoir marcher avec les deux autres parties ajoutées en TIERCE.

Avant de terminer cette section, on va exposer une suite d'exemples du savant Père MARTINI, relatifs à ces Contre-points, dans lesquels on verra l'emploi et l'usage que l'on doit en faire.

2.e ESPÈCE.
Contre-point à la partie aigue.
Partie grave à la 15.me au-dessus.
Partie grave.
Partie aigue à l'8.ve au-dessus.
Partie aigue à la 3.ce au-dessus.
Partie aigue à l'8.ve au-dessus.
Partie grave à l'8.ve au-dessus.
Partie grave à l'8.ve au-dessous.
Partie aigue à la 3.ce au-dessus.
Partie aigue à l'8.ve au-dessus.
Partie grave à la 3.ce au-dessus.
Partie aigue à la 3.ce au-dessus.
3.e ESPÈCE;
MOUVEMENS CONTRAIRES.
Partie aigue.
Partie aigue à la 3.ce au-dessus par mouv.t contraire.
Partie grave.
Partie grave à l'8.ve au-dessus.
Partie aigue à l'8.ve au-dessous.
Partie aigue à la 3.ce au-dessous par mouv.t contraire.
Partie grave à la 5.te au-dessus par mouv.t contraire.
Partie grave à la 10.me au-dessus par mouv.t contraire.
Partie aigue immobile.
Partie aigue à l'8.ve au-dessus.
Partie grave à la 5.te au-dessus par mouv.t contraire.
Partie grave à l'8.ve ou à la 15.me au-dessus.
Partie grave à la 12.me au-dessus par mouv.t contraire.
Partie grave à l'8.ve au-dessous.

4ᵉ ESPÈCE.

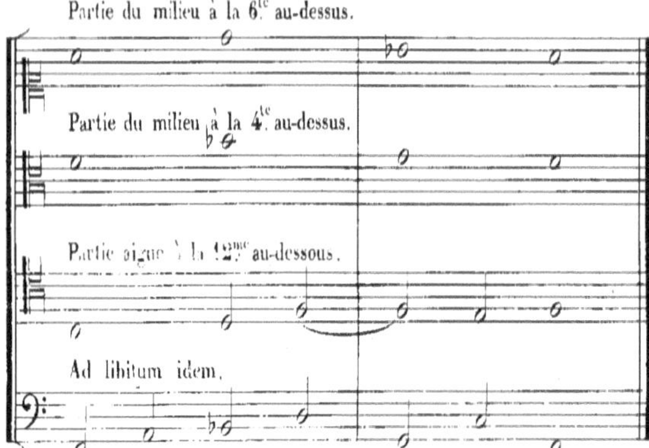

5ᵉ ESPÈCE.

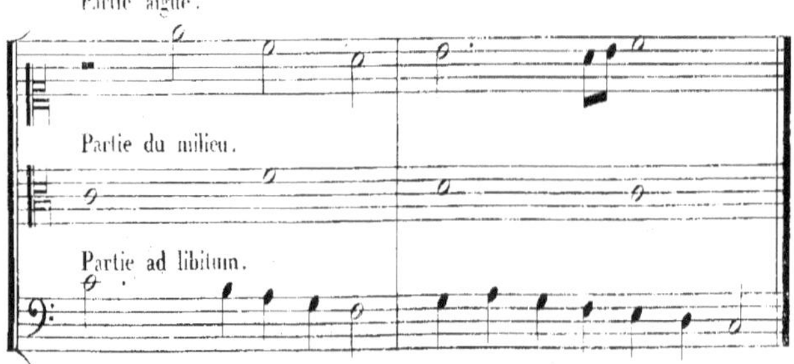

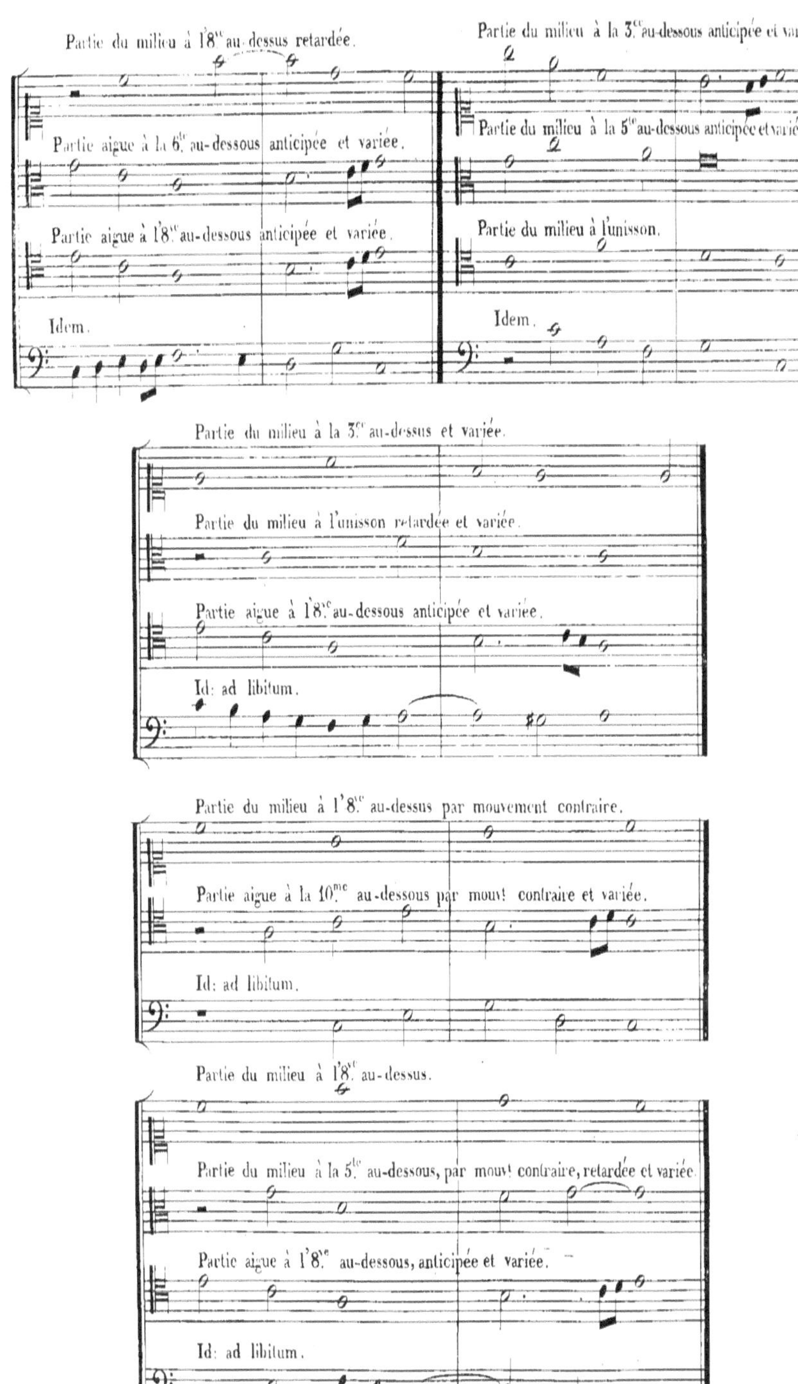

Partie du milieu à l'8.ᵛᵉ au-dessus retardée.
Partie du milieu à la 3.ᶜᵉ au-dessous anticipée et variée.
Partie aiguë à la 6.ᵗᵉ au-dessous anticipée et variée.
Partie du milieu à la 5.ᵗᵉ au-dessous anticipée et variée.
Partie aiguë à l'8.ᵛᵉ au-dessous anticipée et variée.
Partie du milieu à l'unisson.
Idem.
Idem.
Partie du milieu à la 3.ᶜᵉ au-dessus et variée.
Partie du milieu à l'unisson retardée et variée.
Partie aiguë à l'8.ᵛᵉ au-dessous anticipée et variée.
Id: ad libitum.
Partie du milieu à l'8.ᵛᵉ au-dessus par mouvement contraire.
Partie aiguë à la 10.ᵐᵉ au-dessous par mouv.ᵗ contraire et variée.
Id: ad libitum.
Partie du milieu à l'8.ᵛᵉ au-dessus.
Partie du milieu à la 5.ᵗᵉ au-dessous, par mouv.ᵗ contraire, retardée et variée.
Partie aiguë à l'8.ᵛᵉ au-dessous, anticipée et variée.
Id: ad libitum.

DE LA FUGUE.

Le mot Fugue (FUGA) est ancien. On le trouve employé chez les vieux compositeurs, mais ils ne lui donnaient pas le sens qu'on lui donne aujourd'hui. Ils appelaient de ce nom les Contre-points en imitation dont les Cantilenes du Plain-chant fournissaient les thêmes, et dans lesquels aussi se rencontraient par fois des Canons; aujourd'hui, on a donné le nom de FUGUE à une com-position développée et régulière que ne connaissaient pas les anciens Classiques, et que même ils ne pouvaient connaitre, puisque leur système de Tonalité ne comportait pas ce que nous nommons FUGUE DU TON, comme on le verra plus tard. (*)

La Fugue, malgré l'origine ancienne du mot, est donc une création des tems modernes, que l'on n'a pratiquée dans la musique d'Eglise, que lorsqu'on s'est affranchi de l'obligation que s'étaient imposée les Contre-pointistes de travailler sur le Plain-chant.

Telle qu'elle existe aujourd'hui, la Fugue est le complément du Contre-point. Elle doit ren-fermer, non seulement toutes les ressources que fournit l'étude des différens genres de Contre-point, mais encore beaucoup d'autres artifices qui lui sont propres et dont nous parlerons plus tard.

La Fugue peut être considérée comme la transition entre le système de Contre-point rigou-reux et la composition libre; aussi prévenons nous l'éleve qu'il trouvera dans les exemples de Fugue que nous donnerons, des accords que jusqu'ici nous n'avions pas employés.

Tout ce qu'un bon compositeur doit savoir peut trouver sa place dans la Fugue, elle est le type de tout morceau de musique, c'est-à-dire, que tel morceau qu'on compose, pour qu'il soit bien conçu, bien régulier, pour que la conduite en soit bien entendue, il faut que, sans avoir précisement le caractère et les formes de la Fugue, il en ait l'esprit.

Il est deux espèces de Fugue, desquelles en émane une troisième, et de celle-ci naissent toutes les autres. Les deux principales sont: la FUGUE DU TON, et la FUGUE RÉELLE, l'autre est la FUGUE D'IMITATION. Toutes les autres, enfans du caprice, sont des FUGUES D'IMITATION IRRÉGULIÈRES ou des MORCEAUX EN STYLE FUGUÉ.

Les conditions indispensables de la Fugue sont le SUJET, la REPONSE, le CONTRE-SUJET et le STRETTO. On peut, à ces conditions, ajouter celle de la PÉDALE, qui est presque toujours employée dans une Fugue un peu développée.

Tous les artifices qu'on peut introduire dans une Fugue dépendent du savoir, de l'adresse et de la volonté du compositeur, et en même tems de la nature du SUJET et du CONTRE-SUJET qui peuvent être plus ou moins susceptibles de se preter à ces artifices. Ces artifices consistent par apperçu. 1°. dans l'emploi des imitations, en détachant pour les former une por-tion soit du SUJET, soit du CONTRE-SUJET; 2°. dans la transposition du SUJET dans differens tons, et dans l'avantage qu'on peut tirer à cet égard des Contre-points doubles; 3°. dans le ren-versement du SUJET par mouvement contraire; 4°. dans un nouveau SUJET qu'on peut intro-duire, qui puisse se combiner avec le premier SUJET et le premier CONTRE-SUJET; 5°. dans la manière de combiner le STRETTO de plusieurs façons en rapprochant chaque fois de plus en

---

(*) Voyez ce que dit à ce sujet le Père Martini dans son traité du Contre-point.

plus la RÉPONSE du SUJET; 6.º dans les moyens qu'on peut employer pour faire entendre simultané-ment le SUJET et son renversement par mouvement contraire; 7.º et enfin dans la manière de combiner le SUJET, le CONTRE SUJET, le STRETTO sur la PÉDALE, et dans l'adresse, le gout, qu'on emploira pour savoir bien enchainer et amener ces artifices dans l'étendue d'une Fugue.

On peut employer toutes ces combinaisons, et d'autres encore, dans une fugue d'étude, mais il faut en faire un choix, et ne pas les employer toutes dans une fugue qu'on livre au public, car, sans cette précaution, elle serait trop longue, et par conséquent trop ennuyeuse.

Nous allons maintenant passer à l'explication de chacune des dénominations dont il a été fait mention ci-dessus.

DU SUJET.

Le SUJET, ou Thême de la Fugue, ne doit être ni trop long, ni trop court; sa dimension doit être telle, qu'il puisse aisément se graver dans la mémoire, et que l'oreille le saisisse et le reconnaisse avec facilité dans les différentes parties et les différens modes où le compositeur le placera.

Voici l'exemple d'un sujet d'une juste dimension . 

Le sujet étant bien conçu, toute la fugue doit se trouver, pour ainsi dire, renfermée dans son étendue, et dans celle du CONTRE-SUJET qui lui sert d'auxiliaire.

Le SUJET peut aussi être appelée PROPOSITION, ANTÉCÉDENT, et GUIDE; et les parties qui lui succèdent peuvent être nommées RÉPONSES, OU CONSÉQUENTS.

Il est libre au compositeur de choisir la partie qu'il voudra, pour proposer le sujet. Les anciens compositeurs avaient cependant l'habitude d'observer la méthode suivante. Lorsqu'un sujet commencait par l'octave de la TONIQUE et descendait ensuite sur la DOMINANTE, ils se servaient de la partie la plus aigue pour le proposer, afin que la réponse qui devait descendre de la DOMINANTE à la TONIQUE fut faite par une partie plus grave.

Le Père MARTINI.　　　　　　　　EXEMPLE.

Au contraire, lorsque le sujet commençait par la TONIQUE, et montait ensuite vers la DOMI-NANTE, ils choisissaient par la même raison la partie la plus grave pour proposer le sujet, afin que la réponse qui de la DOMINANTE devait monter à l'OCTAVE DE LA TONIQUE fut faite par une partie plus aigue.

EXEMPLE.

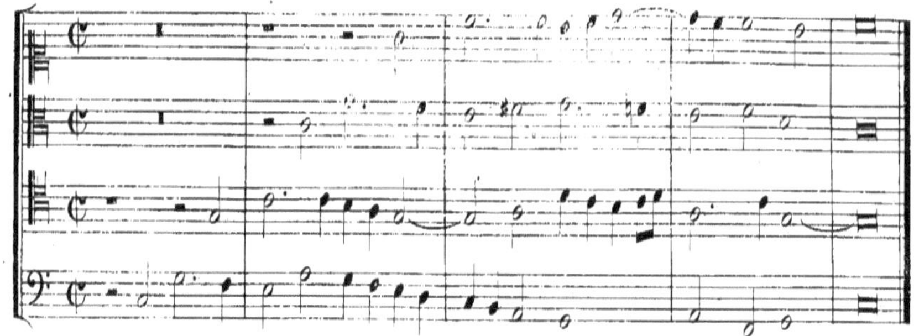

La méthode des anciens compositeurs, qu'on vient d'exposer, n'est point d'une rigueur absolue; c'est seulement une disposition raisonable et motivée, analogue à la distribution des parties à l'égard de la nature du sujet.

Cette disposition pourra n'être pratiquée qu'à l'égard de la FUGUE DU TON, comme on le verra lorsqu'il s'agira de cette espèce de Fugue.

DE LA RÉPONSE.

La RÉPONSE ou CONSÉQUENT succède immédiatement au SUJET; Elle doit être en tout semblable à ce dernier, mais dans un autre ton. On expliquera plus loin dans quel ton ou bien à quel intervalle du SUJET elle doit être, lorsqu'on parlera des différentes espèces de Fugue. On peut dire que la RÉPONSE établit l'espèce et la nature de la Fugue.

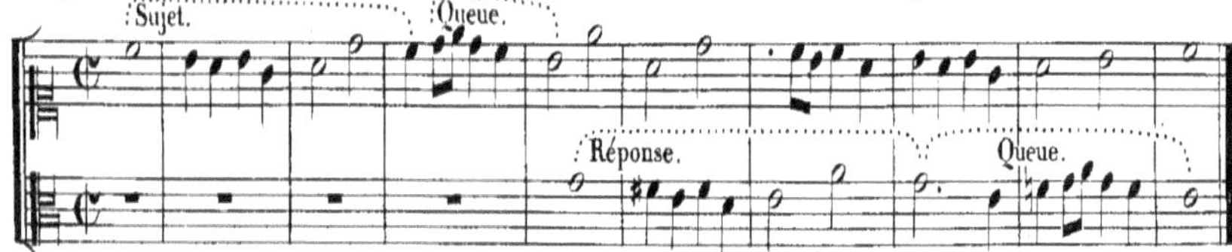

DU CONTRE-SUJET.

La mélodie qui accompagne, soit le SUJET, soit la RÉPONSE s'appelle CONTRE-SUJET; le CONTRE-SUJET étant destiné à être pratiqué au dessus et au dessous du SUJET et de la RÉPONSE, on comprend la nécessité de le combiner en Contre-point double à l'octave afin de pouvoir le renverser de l'aigu au grave, ou du grave à l'aigu, sans qu'il en résulte aucun inconvénient et sans y rien changer.

Il n'est pas, toutefois, d'une rigueur absolue d'observer l'identité exacte du CONTRE-SUJET dans ses transpositions et renversemens et l'on peut en changer quelques notes, si on le juge nécessaire pour la pureté de l'harmonie et la rigueur du Contre-point.

Dans une Fugue à deux parties, il ne peut y avoir qu'un seul CONTRE-SUJET; à trois parties deux CONTRE SUJETS; et à quatre parties trois CONTRE SUJETS. Plus le nombre des parties augmente, plus le nombre des CONTRE-SUJETS peut augmenter aussi; et l'on comprend qu'il ne peut y avoir qu'autant de CONTRE-SUJETS qu'il y a de parties, moins la partie dans laquelle est placé soit le SUJET soit la RÉPONSE. Lorsqu'on ne veut avoir qu'un seul CONTRE-SUJET, quelque soit le nombre des parties, celles qui accompagneront le SUJET et le CONTRE-SUJET réunis, se nomment parties AD LIBITUM dont on pourra varier la mélodie chaque fois qu'elles interviendront soit au GRAVE, soit à l'AIGU, soit au MEDIUM.

EXEMPLE.

Il est inutile de dire que dans une Fugue à cinq, à six, à sept ou à huit parties, on sera obligé d'avoir plusieurs parties AD LIBITUM, à cause de la difficulté ou même de l'impossibilité de trouver assez de CONTRE-SUJETS, c'est-à-dire de parties en Contre-point double pour un aussi grand nombre de voix.

Les CONTRE-SUJETS dans une Fugue, peuvent être placés immédiatement et simultanément avec le SUJET. Quant à moi, cette disposition ne me parait pas la meilleure, et je pense qu'on obtiendra plus de variété dans l'ensemble des parties, en ménageant les CONTRE-SUJETS de manière à ce qu'ils n'entrent que successivement, et en laissant d'abord entendre le sujet, isolé, ou accompagné tout au plus d'un seul CONTRE-SUJET, si la Fugue est à trois parties, ou de deux, si elle est à quatre.

Quelque soit le nombre des parties, quand on commence une fugue en accompagnant immédiatement le SUJET par un CONTRE-SUJET, cette disposition donne à la Fugue, le nom de FUGUE À DEUX SUJETS.

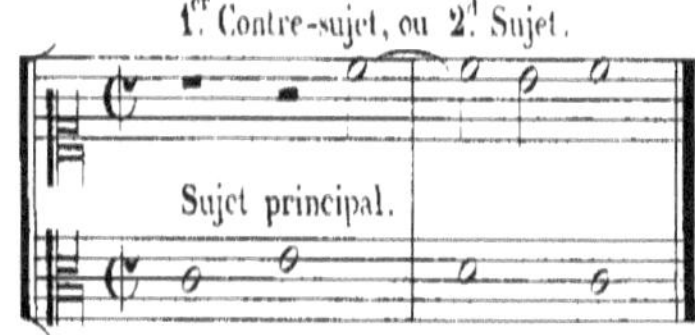

Lorsqu'un SUJET est accompagné par deux CONTRE-SUJETS, la fugue se nomme FUGUE À TROIS SUJETS.

Quand à un SUJET on oppose trois CONTRE-SUJETS, la fugue est à QUATRE SUJETS etc.

OBSERVATION.

Quoique la dénomination de *Fugue à deux, à trois, et à quatre sujets*, soit généralement adoptée, cette dénomination est impropre à mon sens, et je fonde mon sentiment, à cet égard, sur ce que une Fugue ne peut, ni ne doit avoir qu'un seul sujet principal pour lui servir d'exposition; tout ce qui accompagne le sujet n'est qu'accessoire, et ne peut ni ne doit porter d'autre nom que celui de *Contre-sujet*. Ainsi, selon ce principe, la Fugue, que par habitude on nomme *Fugue à deux sujets*, doit être nommée *Fugue à un sujet et un contre-sujet;* celle à *trois sujets* doit être appellée *Fugue à un sujet et deux contre-sujets;* et enfin celle à *quatre sujets* doit porter le nom de *Fugue à un sujet et trois contre-sujets, etc. etc.*

Pour se convaincre encore mieux qu'il en doit être ainsi, supposons que ces différens *Sujets*, aulieu d'être employés tout desuite et simultanément au sujet principal, ne le soient que successivement par les parties qui entrent tour à tour, ces différens accompagnemens du *Sujet* ou de la *Réponse* qu'on nommait Sujets employés au commencement, seront dans ce cas appellés *Contre-sujets;* or, de ce que l'on peut faire entendre tous ces *Contre-sujets* en même tems qu'on propose le *Sujet principal* pour la première fois, il ne s'en suit pas, qu'il faille pour cela changer leur dénomination.

On doit pourtant observer, que, dans le cas ou l'on disposerait une Fugue, en faisant intervenir plusieurs *Contre-sujets* en même tems qu'on propose le *Sujet principal* pour la première fois, ces *Contre-sujets* doivent être invariables dans tous leurs renversemens, pendant le cours entier de la Fugue.

Au contraire, lorsque ces différens *Contre-sujets* ne sont employés qu'après, soit pendant le *Sujet*, soit avec la *Réponse*, et qu'ils n'ont pas été préparés au commencement avec le *Sujet* même, on est libre alors, ou de conserver leur identité toutes les fois qu'ils reviennent, ou de les altérer un peu en changeant quelques notes, selon le besoin et la situation des parties.

De toute manière, il est important et indispensable de combiner toujours ces *Contre-sujets* d'après les loix des *Contre-points doubles* afin de pouvoir s'en servir dans toutes les circonstances, et pour les rendre en même tems susceptibles de se prêter aux différens artifices dans lesquels on voudra les employer.

DU STRETTO.

Stretto est un mot italien, qui signifie serré; il à passé dans la langue francaise, et on l'emploie pour indiquer un artifice qui consiste à rapprocher, autant que possible, l'entrée de la réponse de celle du sujet.

EXEMPLE DE LA RÉPONSE

entrant après que la période du sujet est terminée.

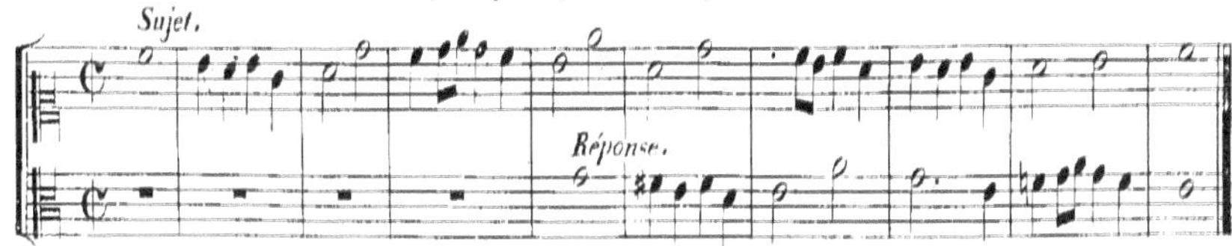

EXEMPLE DE LA RÉPONSE

entrant pendant la période du sujet, ce qui forme le Stretto.

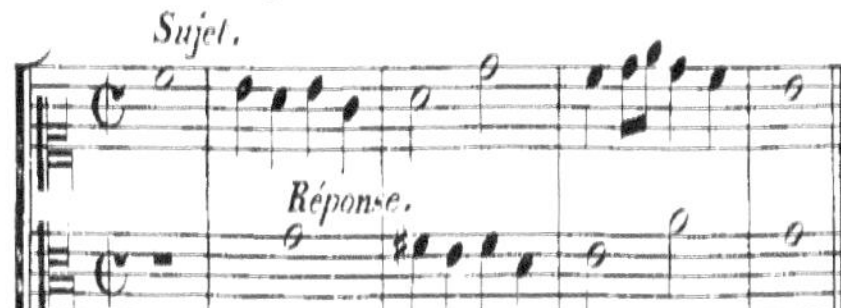

Le STRETTO est, comme on l'a déja fait observer, une des conditions indispensables de la fugue; nous indiquerons la place qu'il doit occuper, lorsqu'il sera question de l'entière contexture d'une FUGUE. L'art de bien employer le STRETTO, consiste dans la manière d'en varier les aspects, en cherchant les moyens, chaque fois que l'on ramènera le STRETTO, de rapprocher de plus en plus du commencement du SUJET, l'entrée de la RÉPONSE. L'effet que cela produit est très piquant, et en même tems fort pressant.

Il est permis quelquefois, quand on ne peut faire autrement, pour rapprocher les rentrées de la RÉPONSE et du SUJET, de changer quelques notes soit de l'une soit de l'autre, ou bien si l'on ne change pas les notes, d'en changer les valeurs; mais ces variations ne peuvent avoir lieu dans le SUJET qu'après l'entrée de la RÉPONSE, et dans celle-ci, qu'après la rentrée du SUJET, ainsi de suite. Tout cela est sujet à bien des exceptions, qui sont promises, selon les cas où l'on se trouve, comme on le verra, en pratiquant la FUGUE.

Il est aussi permis, quand le SUJET par sa nature, n'est point convenablement disposé pour combiner le STRETTO d'une manière toute naturelle, il est permis, dis-je, de commencer le STRETTO par la RÉPONSE, mais ni l'un, ni l'autre, ne sont propres à obtenir tous les aspects qu'on voudrait donner au STRETTO, il faut alors se contenter de faire entrer la RÉPONSE après le SUJET, ou celui-ci après l'autre, à l'endroit où l'on pourra, en employant enfin les changemens permis soit dans les notes, soit dans les valeurs. Au surplus, la pratique indiquera encore mieux les moyens par lesquels on pourra se tirer d'affaire dans les cas difficiles.

Un bon sujet de fugue doit toujours comporter un STRETTO facile et harmonieux; il faut donc en composant un sujet penser d'avance aux différentes combinaisons du STRETTO.

DE LA PÉDALE.

La PÉDALE est un son prolongé et soutenu pendant plusieurs mesures. Elle peut être placée ou dans la PARTIE AIGUE, ou dans une des PARTIES DU MEDIUM, ou dans la PARTIE GRAVE; on ne peut la faire, quelque soit sa position, que sur la TONIQUE, ou sur la DOMINANTE, mais la meilleure, celle dont on peut tirer le parti le plus avantageux, et dont on se sert généralement dans la fugue, est celle de DOMINANTE placée dans la partie GRAVE. La propriété de la PÉDALE est d'affranchir le compositeur de la rigueur des règles, c'est-à-dire qu'il faut pendant sa durée, introduire des dissonnances non préparées, moduler même, pourvu cependant que les parties qui forment ce travail soient combinées entr'elles selon les règles et comme si le son soutenu de la PÉDALE n'éxistait pas, excepté dans la première et dans la dernière mesure, qui doivent toujours se trouver en harmonie avec le son de la PÉDALE.

D'après ce qui vient d'être exposé, on doit faire entendre sur la PÉDALE savoir: le SUJET, la RÉPONSE en STRETTO, les CONTRE-SUJETS et si l'on peut, quelques uns des artifices qu'on aura introduits dans le cours de la fugue.

Comme il faut ordinairement, aumoins deux parties pour former un travail sur la PÉDALE qui remplisse toutes les conditions prescrites, il s'en suit que la PÉDALE n'est pas obligatoire, dans une fugue à deux parties. Voilà pourquoi la PÉDALE n'est pas un des attributs indispensables de la fugue.

DE LA FUGUE DU TON.

On appelle FUGUE DU TON, une fugue dont le sujet se porte, dès le début, de la tonique à la dominante, ou de la dominante à la tonique; la réponse dans ce genre de fugue n'est pas identiquement semblable au sujet, elle est soumise à des loix que nous allons exposer.

Si le SUJET commence par la TONIQUE et monte ou descend vers la DOMINANTE, la RÉPONSE doit commencer par la DOMINANTE et descendre ou monter vers la TONIQUE.

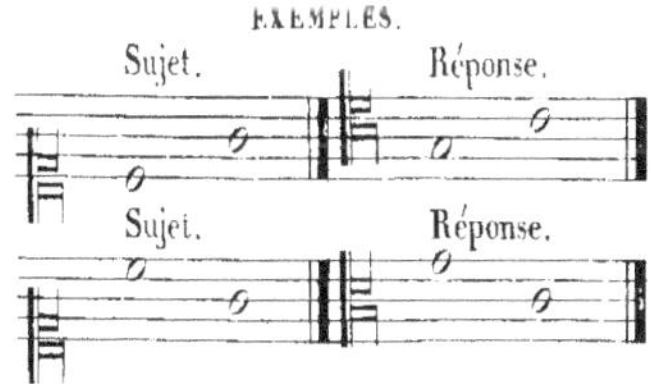

Si le SUJET commence par la DOMINANTE et monte ou descend vers la TONIQUE, la RÉPONSE doit commencer par la TONIQUE et descendre ou monter vers la DOMINANTE.

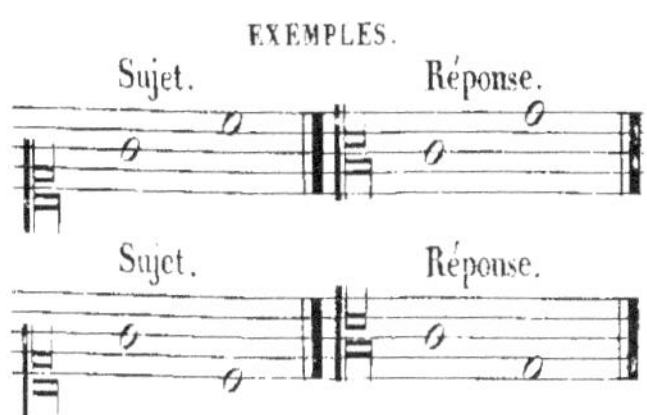

On va donner des exemples de SUJETS plus figurés et plus étendus que les précédens, mais toutefois conçus dans le même principe, afin de s'habituer à trouver la RÉPONSE éxacte d'un SUJET de FUGUE DU TON.

EXEMPLE du SUJET, qui de la TONIQUE, descend vers la DOMINANTE,
et de la RÉPONSE, qui de la DOMINANTE, monte vers la TONIQUE. (*)

EXEMPLES du SUJET, qui de la TONIQUE, descend vers la DOMINANTE,
et de la RÉPONSE, qui de la DOMINANTE, descend vers la TONIQUE.

EXEMPLE du SUJET, qui de la DOMINANTE, descend vers la TONIQUE,
et de la RÉPONSE, qui de la TONIQUE, descend vers la DOMINANTE.

EXEMPLE du SUJET, qui de la DOMINANTE, monte vers la TONIQUE,
et de la RÉPONSE, qui de la TONIQUE, monte vers la DOMINANTE.

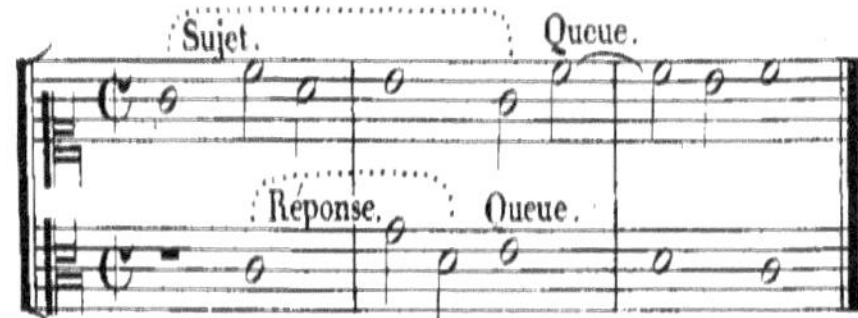

EXEMPLE du SUJET, qui de la DOMINANTE, monte vers la TONIQUE,
et de la RÉPONSE, qui de la TONIQUE, monte vers la DOMINANTE.

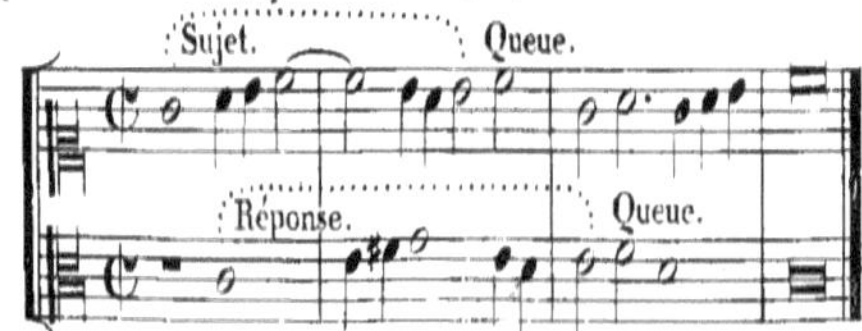

(*) Ces différens exemples, sont présentés sous la forme de *Stretto*, c'est-à-dire que la *Réponse* est rapprochée autant que possible du *Sujet*.

Avant de terminer nous ferons une dernière remarque qui pourra servir de guide; c'est que toutes les phrases de la mélodie du SUJET qui appartiennent à l'accord ou au ton de la TONIQUE, doivent être repetées dans la RÉPONSE par des phrases semblables, appartenant à l'accord ou au ton de la DOMINANTE; et que toutes les phrases du SUJET analogues à l'accord de DOMINANTE, seront repetées dans la RÉPONSE par des phrases semblables, analogues à l'accord de TONIQUE.

Pour démontrer cela, on propose le SUJET suivant, selon la règle immuable de la FUGUE DU TON, la RÉPONSE est celle-ci: mais si de ce SUJET simple, on en tire un plus compliqué, d'après ce qu'on a dit plus haut, la RÉPONSE est

car les deux notes RE, SI, ajoutées entre les limites du simple intervalle UT SOL appartenant à l'accord de DOMINANTE, c'est-à-dire, au MODE DE SOL, doivent être remplacées dans la RÉPONSE par les deux notes SOL, MI, appartenant à l'accord de TONIQUE.

Voici encore un autre SUJET 

il ne doit y avoir d'autre changement dans la RÉPONSE que de la première à la seconde note, parceque le SUJET qui commence par la DOMINANTE, ne se porte point vers la TONIQUE dans la première phrase; voilà la RÉPONSE.

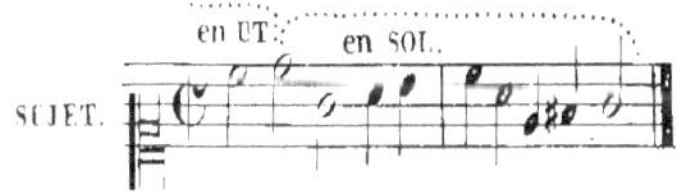

Encore un SUJET, dans lequel la mélodie ne se porte point dans la première phrase, de la TONIQUE vers la DOMINANTE, mais elle s'y porte au commencement de la seconde phrase.

SUJET.

Le RE qui termine la première phrase, appartenant naturellement par sa chute sur la DOMINANTE, au MODE DE SOL, la réponse doit changer en SOL la première note UT, du SUJET pour se conformer à la loi de la FUGUE DU TON, et remplacer le RE du sujet par un SOL qui fera sa chute sur UT dans le mode du quel on transportera tout le reste du SUJET dans la RÉPONSE.

RÉPONSE
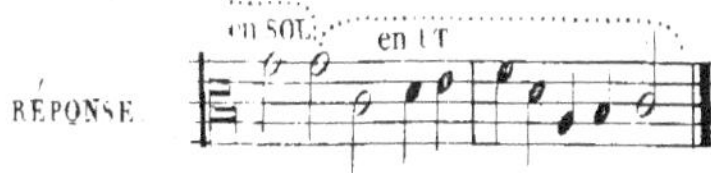

Il est superflu de présenter un plus grand nombre de SUJETS; avec les moyens qu'on a exposés, et du raisonnement, on sera en état de trouver la RÉPONSE de tout SUJET de FUGUE DU TON qui se présentera.

DE LA FUGUE RÉELLE.

La FUGUE REALE OU RÉELLE est plus ancienne que la FUGUE DU TON. C'est celle dont le SUJET commence par la TONIQUE et se porte d'abord vers toute autre corde que la DOMINANTE, et dont la RÉPONSE, qui doit être faite à la QUINTE du mode principal, est sous tous les rapports semblable au SUJET.

Les anciens compositeurs reconnaissaient deux sortes de FUGUE RÉELLE LIBRE OU LIÉE, ils l'appelaient LIBRE lorsque la RÉPONSE, qui devait être en tout semblable à la partie qu'elle imitait, ne l'était point audelà de la durée du SUJET et du CONTRE-SUJET.

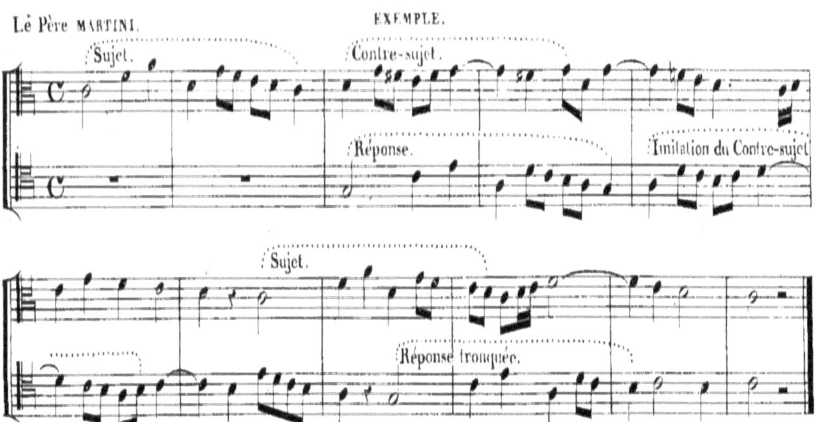

Mais si la RÉPONSE etait semblable, non seulement au SUJET, mais à toutes les notes de la partie ANTÉCÉDENTE depuis le commencement de la FUGUE jusqu'à la fin, alors la FUGUE RÉELLE prenait la dénomination de LIÉE, et cette sorte de FUGUE n'était autre chose, que le morceau de musique, auquel on donne aujourd'hui le nom de CANON, comme nous l'avons déja dit dans l'introduction de ce chapitre.

Aujourd'hui, ces dénominations ne sont plus d'usage, et ce que les anciens nommaient FUGUE RÉELLE LIBRE, est la seule FUGUE RÉELLE imitée.

Il peut arriver qu'un SUJET de FUGUE présente, dans les premières mesures, tous les caractères de la FUGUE RÉELLE, et modulant tout-à-coup vers la fin, se termine en FUGUE DU TON. La RÉPONSE doit alors suivre la condition du SUJET, c'est-à-dire, que commençant en FUGUE RÉ-ELLE, elle doit se terminer suivant les règles de la FUGUE DU TON.

EXEMPLE.

DE LA FUGUE D'IMITATION.

La FUGUE D'IMITATION est celle dont la RÉPONSE est à peu près, mais non en tout, semblable au SUJET, le compositeur ayant la liberté d'y admettre quelques changemens, et de la tronquer s'il le juge à propos.

La FUGUE D'IMITATION a aussi un autre privilège, c'est que le CONSÉQUENT OU RÉPONSE, n'a ni tems, ni intervalle déterminé pour répondre à l'ANTÉCÉDENT OU SUJET, on a la faculté de le faire entrer au moment le plus favorable, et à un intervalle quelconque.

Ainsi la RÉPONSE peut être faite, non seulement à l'UNISSON, à la QUINTE, à la QUARTE, et à l'OCTAVE, mais elle peut l'être aussi à la TIERCE, à la SIXTE, à la SECONDE, à la SEPTIÈME, et à leurs composés; par ces moyens, on produira cette variété tant desirée en musique, et tant appreciée par les auditeurs.

Nous avons dit plus haut que le SUJET d'une FUGUE doit être d'une juste mesure, ni trop long, ni trop court; mais dans l'espèce de FUGUE dont il est question ici, le SUJET doit être toujours très-court, afin que la RÉPONSE ne tarde point à se faire entendre.

En traitant un SUJET en FUGUE D'IMITATION, on a la faculté de changer en FUGUE de ce nom même la FUGUE DU TON, en répondant à un SUJET de la nature de cette dernière FU-GUE, avec la liberté de la FUGUE D'IMITATION.

EXEMPLES.

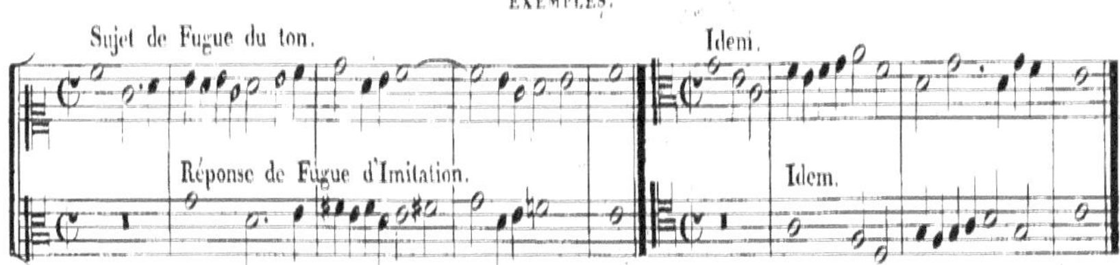

Il n'est pas de FUGUE soit RÉELLE, soit DU TON, qui dans plusieurs endroits de son étendue, ne soit sujette à se transformer en FUGUE D'IMITATION, à cause des MODULATIONS, et relative-ment aux IMITATIONS qu'on peut introduire en prenant une portion du SUJET, ou une portion des CONTRE-SUJETS; on en aura des exemples, lorsqu'il s'agira de la composition entière d'une FUGUE. D'après ce que nous venons de dire, lorsqu'on aura un SUJET, même de la FUGUE D'IMITATION composé de plus d'une partie, tel que celui-ci:

on pourra prendre dans le cours de la FUGUE, tantôt l'une, tantôt l'autre de ces deux portions pour en former des imitations, les renversant même par mouvement contraire, afin que de la lutte qui s'établit par ces artifices entre les parties, il résulte un effet en même tems agré-able et savant. La petite FUGUE suivante du Père MARTINI, servira d'exemple et donnera idée de la FUGUE D'IMITATION.

Avant de passer à ce qui concerne la composition entière de la fugue, il est essentiel d'entrer dans quelques détails plus circonstanciés relatifs à la CODA OU QUEUE DU SUJET, qu'on n'avait fait jusqu'à présent qu'indiquer simplement, et de parler ensuite du divertissement de la fugue et enfin de la MODULATION.

DE LA QUEUE.

La QUEUE est cette portion du SUJET, par laquelle on le continue après sa seconde partie, et qui sert en même temps à préparer l'entrée de la RÉPONSE et à amener le CONTRE-SUJET.

EXEMPLE.

Il est des cas ou la QUEUE elle même peut devenir le commencement du CONTRE-SUJET,
et se lier tellement à celui-ci, que la QUEUE et le CONTRE-SUJET ne fassent qu'un tout sans distinction.

EXEMPLE.

Voici encore un exemple du même genre, à quatre voix, du père Angelo Predieri.

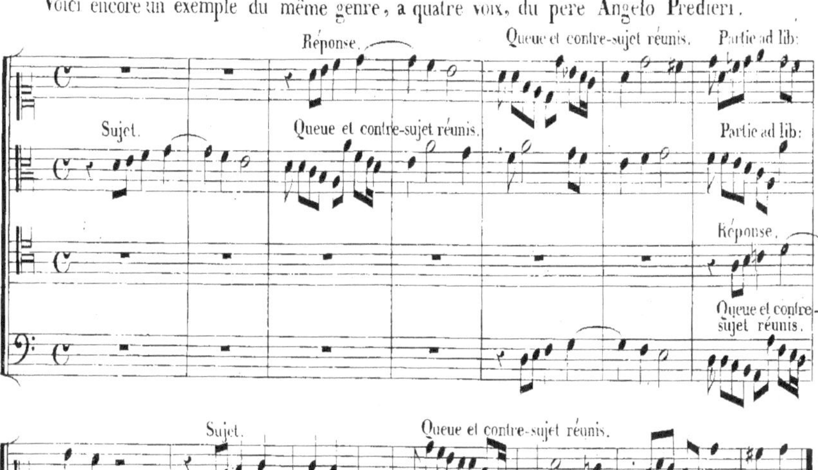

Dans les fugues modernes, on a l'usage de prolonger la QUEUE de la RÉPONSE, avant que
le SUJET ne rentre de nouveau: cette disposition est sage et doit être maintenue, elle a le
double avantage de faire désirer la rentrée du sujet, et de jetter de la variété dans la
composition, en rompant la monotonie des sujets et des réponses trop rapprochées; elle
contribue donc à donner de l'élégance à la conduite d'une fugue, et elle peut aussi fournir
un thème de plus aux imitations et aux divertissemens, ceci s'applique à toute espèce de fugue,
quelque soit le nombre des parties.

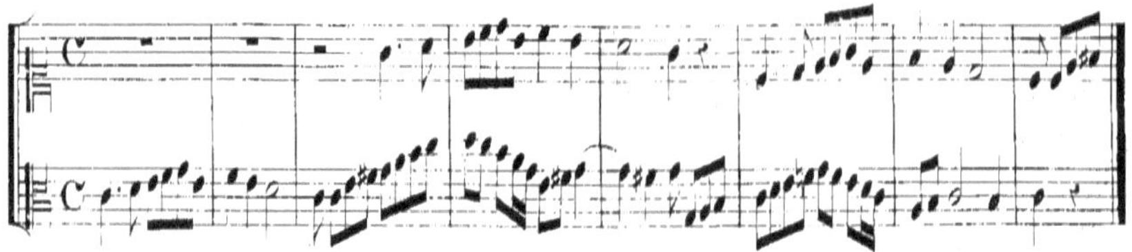

On voit que tout l'avantage est à ce second exemple, et que l'intervention de la CODA, entre la réponse et la RENTRÉE du sujet, est d'un très bon effet.

DU DIVERTISSEMENT DANS LA FUGUE.

Le DIVERTISSEMENT ou ÉPISODE dans une FUGUE, est une période composée de fragmens du SUJET, ou des CONTRE-SUJETS au choix du compositeur, et avec lesquels on forme des imitations et des artifices, et dans laquelle on module, pour placer dans d'autres modes le SUJET PRINCIPAL, la RÉPONSE, et les CONTRE-SUJETS.

Le DIVERTISSEMENT peut être, selon le besoin, ou court ou long, et dans le cours d'une FUGUE, il doit y avoir plus d'un DIVERTISSEMENT en variant chaque fois le choix des moyens employés pour les traiter. Lorsqu'il sera question de la composition entière de la FUGUE, l'on désignera les places, que ces DIVERTISSEMENS auxquels on peut aussi donner le nom d'ANDAMENTI, y devront occuper, et l'on montrera en même tems la manière de les combiner. l'explication simple, qu'on donne ici du DIVERTISSEMENT, doit suffire pour le moment.

DE LA MODULATION.

Le moyen qu'on emploie depuis longtems pour se diriger dans le choix des modulations, consiste à se régler sur l'ÉCHELLE DIATONIQUE du ton dans lequel on veut composer le morceau, en ne modulant point dans des cordes étrangères à cette même échelle. D'après cela, on pourra moduler, à la DOMINANTE et à la SOUS-DOMINANTE dont les modes sont naturellement MAJEURS; et à la SECONDE, à la MEDIANTE OU TIERCE, et à la SIXTE, dont les modes sont naturellement MINEURS. On ne peut moduler à la SEPTIEME OU NOTE SENSIBLE, attendu qu'elle n'a point de QUINTE INALTERÉE. Ce qu'on vient d'établir, se rapporte à la gamme du mode MAJEUR. Lorsqu'il s'agit d'un morceau, qu'on veut composer en mode MINEUR, voici les modes dans lesquels on doit moduler, à la SOUS-DOMINANTE et à la DOMINANTE dont les modes sont naturellement MINEURS; à la MEDIANTE et à la SIXTE dont les modes sont naturellement MAJEURS. On ne peut moduler à la SECONDE, attendu qu'elle n'a point de QUINTE INALTERÉE; on doit éviter aussi de moduler à la SEPTIEME.

Les compositeurs modernes se sont affranchis dans leurs compositions, de cette méthode de moduler simple et raisonnée, en la remplaçant par une manière trop libre, et souvent incohérente; mais si leurs écarts sont tolerés dans les ouvrages modernes, il est essentiel, et même il est expressément recommandé de ne point suivre ces erremens, à l'égard d'une composition aussi sévère que la FUGUE.

Ainsi, lorsqu'une FUGUE est en mode MAJEUR, le mode dans lequel on doit moduler d'abord, est celui de DOMINANTE TIERCE MAJEURE; on module ensuite à la SIXTE MODE MINEUR RELATIF du MODE PRINCIPAL; on module après à la SOUS-DOMINANTE, MODE MAJEUR, à la SECONDE MODE MINEUR et à la MEDIANTE aussi MODE MINEUR; on peut ensuite revenir au MODE DE DOMINANTE pour passer ensuite à la conclusion qui doit être dans le mode principal.

Il est permis, dans le cours d'une FUGUE en MODE MAJEUR, de transformer en MINEUR le MODE PRINCIPAL, mais cette permutation doit être employée pendant peu d'instans, et seulement pour amener une suspension sur la DOMINANTE, afin d'attaquer après le MODE PRINCIPAL MAJEUR.

Quand une FUGUE est en MODE MINEUR, la première modulation est à la MEDIANTE MODE MAJEUR, RELATIF DU MODE PRINCIPAL; on module ensuite tour-à-tour soit à la DOMINANTE MODE MINEUR, soit à la SIXTE MODE MAJEUR, soit à la SOUS-DOMINANTE MODE MINEUR, ou à la SEPTIEME MODE MAJEUR; et enfin de l'un de ces modes, il faut revenir au MODE PRINCIPAL pour terminer à l'instar de la FUGUE en MODE MAJEUR, on peut transformer le MODE PRINCIPAL MINEUR EN MAJEUR aux mêmes conditions qu'on a exposées au sujet de la FUGUE EN MODE MAJEUR.

Voilà ce qui concerne la modulation d'un morceau. Ce qui rend les moyens difficiles dans l'art de moduler, c'est le choix des accords dans leur succession, afin d'aller d'un MODE a l'autre, d'une manière naturelle et analogue à celui dans lequel on veut passer, et sans que ces transitions choquent le sentiment ou l'oreille.

L'expérience, que le travail seul peut donner, applanira les difficultés, que le manque de l'un et de l'autre pourrait faire rencontrer.

DE LA COMPOSITION ENTIÈRE DE LA FUGUE.

Après avoir passé en revue ce qui concerne les élémens de la FUGUE, il ne reste plus qu'à traiter de son entière composition. On a déjà dit que les conditions indispensables de la FUGUE sont le SUJET, la RÉPONSE, le CONTRE-SUJET et le STRETTO; les conditions ACCESSOIRES OU ÉPISODIQUES sont les IMITATIONS formées par des FRAGMENS DU SUJET ou du CONTRE-SUJET, et avec lesquelles on compose les différens DIVERTISSEMENS OU ANDAMENTI qui doivent avoir lieu dans le courant d'une FUGUE: tous ces élémens suffisent pour construire une FUGUE courte et ordinaire. Mais si dans une composition de cette espèce, on veut introduire d'autres combinaisons et d'autres artifices, on produira un ensemble plus étendu et plus varié. Il est difficile de déterminer le nombre d'artifices qu'on peut introduire dans une FUGUE; leur choix, leur quantité dépendent de la nature du SUJET, du CONTRE-SUJET, et de l'adresse plus ou moins exercée du compositeur. Il n'est pas une FUGUE, qui ne diffère d'une autre, soit par sa conduite, soit par ses combinaisons; cette différence et cette variété sont les effets du caprice et d'une imagination plus ou moins fertile; le travail, l'habitude que donne celui-ci, l'expérience qui naît de l'un et de l'autre, en développant l'imagination, guident un compositeur dans le choix des idées et des moyens qu'il doit employer dans la contexture d'une FUGUE.

Chaque compositeur a, pour ainsi dire, son cachet à cet égard; il faut donc examiner et analiser beaucoup de FUGUES des meilleurs maîtres, afin de s'affermir dans cette sorte de composition.

Nous allons maintenant donner différens exemples de FUGUE à DEUX, à TROIS, et à QUATRE parties. Ces exemples, appuyés de remarques, suffiront pour montrer comment on doit combiner le plan d'une FUGUE simple et ordinaire, et celui d'une FUGUE plus étendue et plus compliquée par le concours de plusieurs artifices.

EXEMPLE D'UNE FUGUE RÉELLE À DEUX PARTIES.

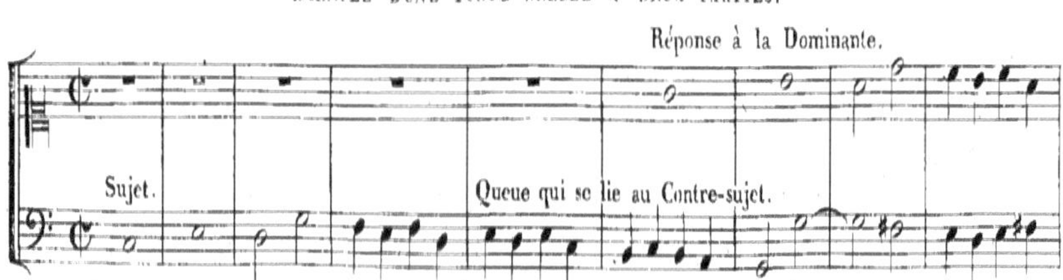

Rentrée du sujet dans la partie aigue.
Queue prolongée dans les deux parties afin de faire desirer la rentrée du sujet.
Contre-sujet.
Contre-sujet.
Réponse dans la partie grave.
Divertissem.t pris dans la 2.de partie du sujet qui module à la dominante en finissant, afin que la partie supérieure rentre pour la réponse, puisque la fugue a commencée par le sujet à la partie grave.
Réponse.
Contre-sujet.
Contre-sujet.
Sujet.
Divertissement composé d'une portion du sujet et du contre-sujet, dans lequel on module, et on le termine en modulant à la sixte, mode mineur relatif du ton principal.
Sujet dans le mode de la sixte.
Dès cet endroit jusqu'au stretto, la fugue prend le caractère de fugue d'imitation.
Réponse à
Contre-sujet.
la dominante du mode de La mineur.
Divertissement formé par une portion du sujet, et qui modulant par differens modes, finit par aller au mode mineur de seconde.

(*) Il n'est pas d'une nécessité absolue d'employer un repos avant l'entrée du stretto; mais quand on l'emploie, c'est pour faire ressortir davantage cette entrée, en l'isolant de ce qui précède, et ce moyen produit un très bon effet. En faisant le repos indiqué, il n'est pas non plus indispensable de le pratiquer sur le *mode* déterminé de *Dominante*, et il dépend de la fantaisie du compositeur de le faire soit sur cette *Dominante*, soit sur le *mode mineur relatif déterminé*; soit sur l'accord de *la dominante de ce mode mineur*; soit sur le *mode mineur déterminé de médiante*: soit enfin, sur *la dominante du mode principal* changé *en mineur*, car c'est ici, après l'avoir préparé quelques mesures d'avance, la place convenable pour introduire ce ton mineur dans une *fugue*. Ce qu'on vient d'établir relativement au repos en question, doit s'appliquer à toute sorte de fugue, quelque soit le nombre de parties dont elle sera composée.

REMARQUES GÉNÉRALES.

En examinant l'exemple précédent, on se convaincra que le développement de la FUGUE est entièrement tiré du SUJET et du CONTRE-SUJET; c'est ce qui forme l'unité d'un morceau de musique de ce genre.

Comme il est nécessaire de donner aux parties, quelqu'en soit le nombre, des repos afin de varier les effets, on fait observer que ces repos doivent avoir lieu dans une partie, avant l'endroit surtout où le SUJET ou la RÉPONSE devront entrer. Quand ces silences sont employés dans d'autres circonstances, la partie qui s'est reposée, ne doit jamais rentrer sans raison par un motif oiseux, ou par des remplissages, mais elle doit rentrer, ou pour répondre à quelque IMITATION déja proposée, ou pour en proposer une à son tour.

On recommande aussi d'éviter la monotonie dans le choix des idées, et dans celui du dessin et des figures; ce défaut est blâmable en toute sorte de morceau de musique: on y tomberait aisément dans une FUGUE si l'on tirait toutes les idées qui composent l'ensemble soit du SUJET, soit du CONTRE-SUJET, pour vouloir trop conserver cette unité de caractère dont nous avons parlé ci-dessus. Pour éviter ce défaut, il faut faire attention en combinant un DIVERTISSEMENT, de ne pas employer les fragmens tirés du SUJET ou du CONTRE-SUJET, dont on s'est servi dans le DIVERTISSEMENT précédent. Avec cette précaution, et en variant avec adresse les modulations et les aspects des imitations, en les renversant, on évitera d'être monotone.

Une autre remarque à faire, c'est que dans une FUGUE, soit RÉELLE, soit du TON dont la RÉPONSE est toujours à la QUINTE de la TONIQUE, toutes les imitations dans le courant d'une FUGUE doivent être faites au même intervalle que la RÉPONSE, ou à la QUARTE, qui est une QUINTE renversée.

Pour ce qui est de la FUGUE D'IMITATION, si la RÉPONSE est à la QUINTE, ou à la QUARTE du SUJET on usera, à l'égard des imitations, de la loi qui sert de guide aux FUGUES RÉELLE et du TON; mais si la RÉPONSE est à la SECONDE, ou à la TIERCE, ou à la SIXTE, ou à la SEPTIEME, ou à leurs composés, les imitations durant la FUGUE, doivent être faites toujours à la distance que la RÉPONSE aura indiquée au commencement. Nous ajouterons, qu'on peut dans quelque FUGUE que ce soit, et à quelque dégré ou intervalle que soit la RÉPONSE, pratiquer des imitations à l'UNISSON et à l'OCTAVE.

D'après ces observations, on peut continuer les exemples sans qu'il soit nécessaire d'ajouter rien de plus, à ce qui a été dit jusqu'à présent au sujet de la FUGUE.

FUGUE RÉELLE À DEUX PARTIES.

Sujet à la seconde mode mineur, tronqué.
Episode ou divertissement.
Modulation au mode principal, en mineur.
STRETTO.
Réponse.
Sujet.
Réponse.
Episode ou divertissement.
Réponse.
Pédale supérieure de dominante.
Pédale inférieure
Sujet.
de dominante.

FUGUE DU TON A DEUX PARTIES.

Réponse.
Contre-sujet.
Divertissement composé d'un
fragment du sujet en imitation
Contre-sujet.
Sujet au ton relatif mineur.
Réponse.
Contre-sujet.
Contre-sujet.
Queue.
Sujet.
Sujet à la 2de du ton.
Fragment du sujet en imitation.
Contre-sujet.
Fragment du contre sujet en imitation
Autre fragment du sujet
en imitatition à la 2de
Idem.

Fragment du contre-sujet imité à la 4.
Sujet.
STRETTO.
Réponse rapprochée du sujet.
Fragment du contre-sujet en imitation.
Réponse.
Sujet.
Fragment du contre-sujet en imitation.
Divertis.t
Sujet.
Divertissement.
Réponse encore plus rapprochée.

Sujet.
Divertissement.
Sujet en reponse au sujet.
Sujet.
Divertissement.
Réponse.
Sujet renversé.
Réponse serrée sur le sujet renversé.

FUGUE RÉELLE À TROIS PARTIES.

Cette Fugue, par la nature du sujet, nécessitera un fréquent emploi du genre chromatique, et par ses figures et la multiplicité des notes elle peut aussi appartenir au caractère instrumental.

2.ᵈ Contre-sujet.
1.ᵉʳ Contre-sujet.
Divertissement composé de diverses imitations
du sujet et du 1.ᵉʳ Contre-sujet.

Réponse au sujet renversé.
Sujet renversé.
1.er C-sujet renversé.
1.er Contre-sujet renversé.
C-sujet renversé.
Sujet renversé.
Réponse.
Divertissement.
Contre-sujet renversé.
Contre-sujet sur le nouveau sujet.
Nouveau sujet composé de la fin
de la queue du 1.er sujet.
Réponse au nouveau sujet.
Contre-sujet.

Nouveau sujet.
Contre-sujet.
Nouveau Contre-sujet.
Réponse.
Divertissement.

Stretto.
1er Sujet.
1er Contre-sujet.
Contre-sujet.
Réponse rapprochée du sujet.
Sujet.
Divertissement.
Sujet.
Imitation.
Divertissement.
Réponse.
Sujet plus rapproché.

Réponse.
Stretto sur la pédale
Sujet.
Pédale.
2.d Contre-sujet.
Divertissement.
Imitation.
Fragment du contre-sujet du nouveau sujet en imitation.

FUGUE DU TON À TROIS PARTIES AVEC UN CONTRE-SUJET.

Divertissement composé d'une partie du contre-sujet en imitation.
Modulation à la sous-dominante.
Idem au ton relatif mineur.
Retour au ton principal.
Imitation du sujet à la 9me ou 2de imitation du contre-sujet.
Imitation à la 3e
Contre-sujet tronqué aussi et modulant.
Contre-sujet tronqué.
Divertissm!
Sujet tronqué.
Sujet à la sous-dominante tronqué.
Contre-sujet tronqué.

Contre-sujet imité
Sujet au relatif mineur tronqué en imitation du sujet à la sous dominante.
Seconde imitation à la médiante mode mineur.
Divertissement.
C-sujet.
STRETTO.
Sujet.
Réponse.
Réponse.
Sujet.
Réponse.
Sujet.

Divertissement.
Réponse
Sujet.
Pédale.
Sujet.
Réponse

FUGUE DU TON

à quatre parties, à un contre-sujet.

Queue composée d'une nouvelle figure introduite pour servir de thême aux divertissemens.

Contre-sujet.
Partie ajoutée.
Sujet.
Contre-sujet.
Partie ajoutée.
Réponse.
nouvelle figure.
Divertissement.
Réponse.
Contre-sujet.

Partie ajoutée.
Contre-sujet.
Sujet.
divertissement.
Sujet au relatif majeur.
Contre-sujet.

Sujet à la sus-dominante servant de réponse.
Contre-sujet.
Divertissement.
Imitation.
Fragment du sujet servant
de motif à ce divertissement.
Imitation.
Imitation.
nouvelle figure.
nouvelle figure

Stretto.
Contre-sujet.
Réponse.
Divertissement.
Sujet.
Contre-sujet.
Sujet.
Imitation.
Contre-sujet.
Sujet.
Réponse.

Contre-sujet.
Réponse.
Contre-sujet.
Sujet par augmentation.
Réponse par augmentation.
Sujet.
Pédale.
Sujet.
Réponse.
nouvelle figure.
Réponse.

FUGUE DU TON

à quatre parties et à deux contre-sujets.

Divertissement.
Imitation.
Fragment du 2.º C.
Fragment du 1.ºr C.
Réponse.
2.d C.
Partie ajoutée.
1.ºr C.
2.d C.
Partie ajoutée.
1.ºr C.
Partie ajoutée.
1.º C.
Réponse.
Sujet.
Sujet.
2.d C.
2.d C.
1.ºr C.

Divertissement.
Fragment
Imitation d'un fragment de la partie ajoutée.

du 1.er C.
Imitation.

2.d C.
Fragment du sujet.

1.er C.
Sujet à la sous-dominante.

Réponse du sujet à la sous-dominante.
2.d C.
2.d C.
1.er C.

Partie ajoutée.
Sujet au relatif mineur.
1.er C.

1er C.
2d C.
2d C.
Partie ajoutée.
Réponse.

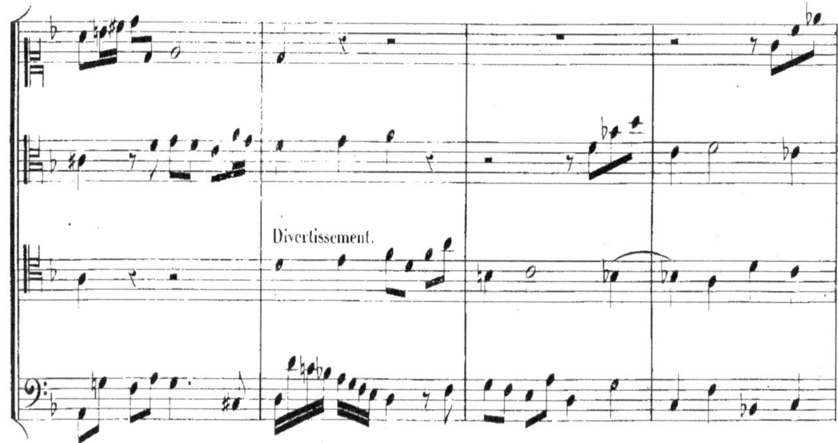
Divertissement.

Sujet. STRETTO.

Réponse.
Sujet.
Réponse.
Réponse.
Sujet.
Réponse.
Sujet.
Contre-sujet serré.

1re C.
Réponse.
Sujet.
2e C.
Réponse.
1re C.
Pédale.
Sujet.
Réponse.
Sujet.

FUGUE CHROMATIQUE À QUATRE PARTIES
À TROIS CONTRE-SUJETS.

Le sujet de cette fugue appartient à la fugue du ton, puisqu'il descend d'abord de la tonique à la dominante; la réponse devrait donc aller de la dominante à la tonique

EXEMPLE DE LA RÉPONSE SUIVANT LES RÈGLES DE LA FUGUE DU TON.

Mais cette réponse aurait rendu le travail des contre-sujets très difficiles, et y aurait nécessité de fréquens changemens. On a donc jugé à propos de la traiter en fugue réelle.

Cette fugue, par la manière dont elle est conduite et par la nature même du sujet, peut être regardée comme FUGUE D'INTONATION.

Partie ajoutée ou ad libitum
imitant le 2.d Contre-sujet.
2.d C.
Queue qui conduit à la réplique du sujet.
Sujet.
3.me Contre-sujet.
1.er C.

3.me C
Queue.

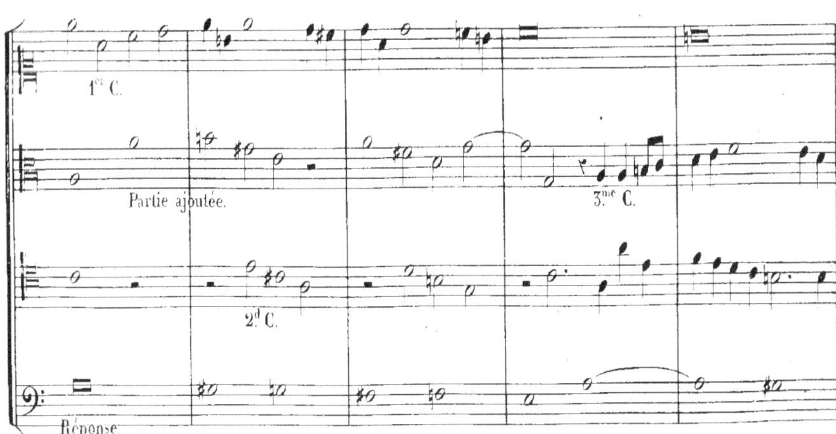
1.er C.
Partie ajoutée.
3.me C.
2.d C.
Réponse.

Fragment du sujet par *diminution*.
Divertissement.
Fragment du 3.me contre-sujet.

Réponse.
Partie ajoutée.
1.er C.
2.d C.

Imitation du nouveau contre-sujet.
Imitations de ce fragment de sujet.
Nouveau contre-sujet sur ce fragment de sujet.
Sujet tronqué entrant avant la fin de la réponse,
et servant de motif au divertissement.

Fragment du 3.me contre-sujet.
Fragment du 2.d contre-sujet.

Sujet ramené dans ce divertissement; mais avec un seul des contre-sujets anciens et le nouveau contre-sujet.
1.er Contre-sujet.
Nouveau contre-sujet.
Partie ad libitum.

3.me Contre-sujet.
Continuation du divertissement, formée par des imitations du 3.me contre-sujet
et plus tard par un fragment du 2.d combiné avec le 3.me

Fragment du 2.d contre-sujet combiné avec un fragment du 3.me
Imitation
Fragment du 3.me C.
Imitation du fragment du 2.d contre sujet.

Fragment du sujet.
Nouveau contre-sujet.
Fragment du 1.er contre-sujet.
Pédale sur la dominante du ton relatif majeur.

Fragment du 1er contre-sujet.
Imitation du fragment du sujet.
Nouveau contre-sujet.

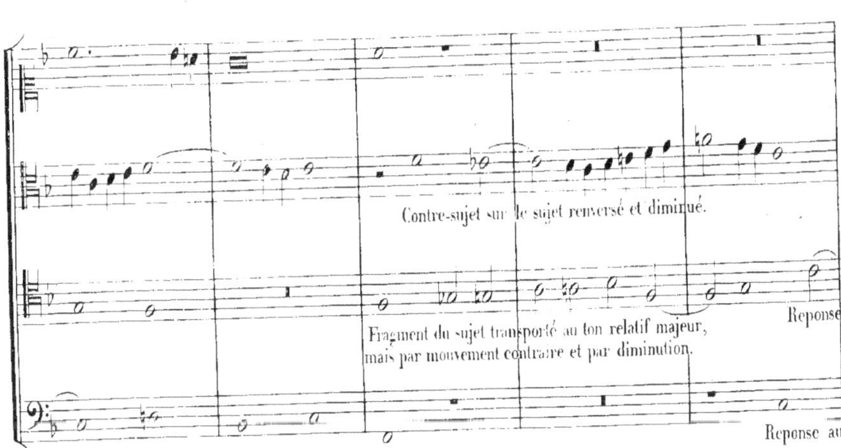

Contre-sujet sur le sujet renversé et diminué.
Fragment du sujet transporté au ton relatif majeur,
mais par mouvement contraire et par diminution.
Réponse
Réponse au

Réplique du sujet diminué et renversé.
du contre-sujet.
sujet renversé et diminué.

164

Contre-sujet.
Réplique de la réponse.
Contre-sujet.
Sujet.

Divertissement composé de la 1re partie du sujet renversé.
Fragmens

Imitation.
Imitation.
Imitation.
Id.
du sujet diminué.
Fragmens par mouvement contraire.
Fragment du 3.me C.
Id.

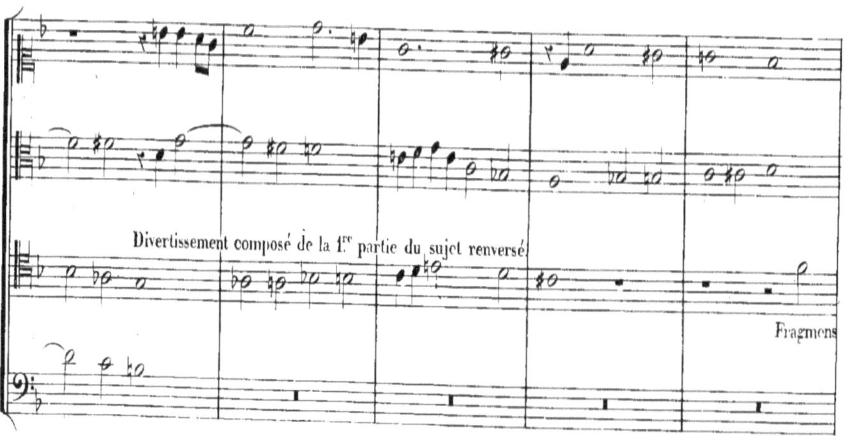

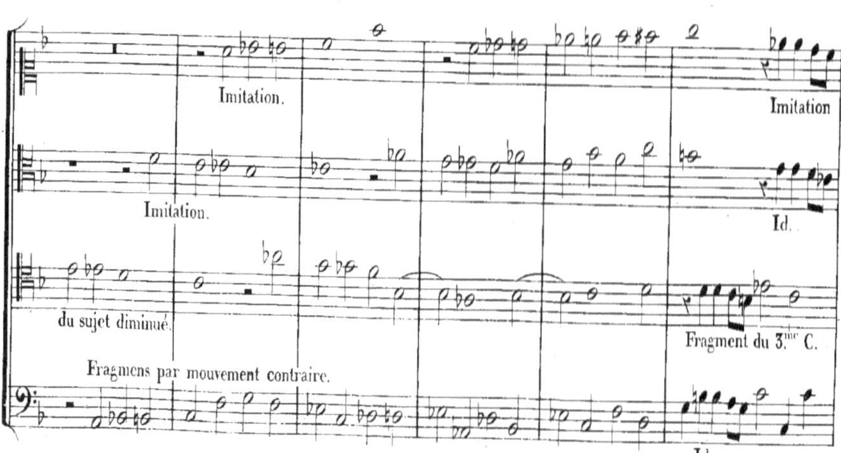

de ce fragment
Sujet et sujet renversé marchant ensemble.

Id.
Id.

Fragment du contre-sujet du sujet renversé.
Imitations de ce fragment

166

Fragment du sujet.
Fragment du 1.er Contre-sujet.
Id.
Id.
Sujet par augmentation.

STRETTO.
Sujet.
Réponse rapprochée du sujet.

Sujet.
Réponse rapprochée du sujet.

Fragment du 3.me contre-sujet.
Imitation.
Fragment du 2.d contre-sujet.
Imitation.
Fragment du 2.d contre-sujet.
Imitation.
STRETTO par diminution.
Sujet par diminution, rapproché de la réponse.
Réponse par diminution.
Sujet par diminution, rapproché.
Réponse par diminution
Sujet par diminution.
Réponse encore plus rapprochée
Fragment du 3.me contre-sujet.
Sujet par diminution.
Réponse.
Fragment du 3.me contre sujet.

Réponse par mouvem.t contraire
et par diminution.
Réponse marchant avec les sujets
et réponses diminuées et renversées.
Sujet id.
Réponse par mouvem.t contraire
et par diminution.
Stretto par
Id.
Sujet dimin
Id.
3.me contre-sujet.
Continuation de ce divertissem.t sur la Pédale.
Id.
Pédale inférieure supportant divers artifices.
diminution sur la pédale.
Fragment du 3.me C.
Réponse.
Fragment du 2.e C.
Réponse diminuée.
Sujet.
Sujet.

OBSERVATION.

Nous n'avons pas parlé, jusqu'à présent, de la Cadence PLAGALE, qu'on rencontre souvent dans les anciennes compositions.

Les anciens appelaient AUTHENTIQUE la cadence que nous nommons aujourd'hui PARFAITE c'est-à-dire, le mouvement de la dominante sur la tonique.

Ils appelaient CADENCE PLAGALE le mouvement de la SOUS-DOMINANTE sur la TONIQUE, et terminaient souvent leurs compositions par cette sorte de cadence, en faisant l'accord de Tonique majeure, quelque fut le mode du morceau. Cette cadence était propre aux tons Plagaux du Plainchant.

FUGUE DU TON TRÈS DEVELOPPÉE à 8 PARTIES à 2 CHOEURS.

Réponse du nouveau contre-sujet.
men
3e C. sujet.
men
Partie ad libitum.
Réponse de l'autre contre-sujet proposé.
a
men a
Reprise du sujet.
Imitation à la 10e.
Réponse du 1er nouveau contre-sujet.
Et vi _ tam ven _ tu _ ri sæ _ cu _ li a
men a
Réponse au sujet.
Et vi _ tam ven _ tu _ ri
1er contre-sujet.
Imitation à l'unisson.
Réponse au 2e contre-sujet.
a men a men a
men
ad libitum.
Réponse au 1er contre-sujet.
men a men a
2e contre-sujet.
men a men
Réponse du 2e nouveau contre-sujet.
Divertissement qui amène à la dominante, et sur laquelle le sujet reprend.
a men a
Imitation à l'unisson.
men a
3e contre-sujet.
men a men a men a men a
Imitation à la 10e.
cu _ li a men a _ men
men

1.er contre-sujet.
men a
men
2.e et 3.e contre-sujets.
men a
a men
Reprise du sujet.
et vi_tam ven_tu_ri sae_cu
men a men
Réponse au 1.er sujet.
a
men a men a men
men a men a men
1.er contre-sujet.
men
a
Réponse au 2.e sujet.
3.e contre-sujet.
a men
Réponse rapprochée un peu du sujet.
Et vi_tam ven_tu_ri sae_cu_li a
1.er nouveau contre-sujet.
Sujet rapproché de la réponse.
Réponse du 1.er nouveau contre-sujet.
Et vi_tam ven_tu_ri sae_cu
li a
2.e contre-sujet.
men a

Réponse au sujet par augmentation à laq.[le] se mêlent les contre-sujets.

Divertissement tiré en modulant amène à la réponse par augmentation du ton relatif mineur.

Le divertissement continue en modulant.
a - - - men a
vi - - tam ven - tu - ri sae - - cu - li
a - - - - - men
- men a - - - - - men a - men
- - - men a men a men a
vi - - tam ven - tu - ri sae - - cu - li a - men
- - - men et vi - tam ven - tu - ri
- men a - - - men a - men a - men
a - - men a - men a - men
a - - men a - men a - men a - men
a - men a - men a - men
Sujet en La min.
et vi - tam ven - tu - ri sae - cu - li a - men a - men
Sujet à la sous-dominante.
et vi - tam ven - tu - ri sae - cu - li a - -
- men a - - men a - - - men a
a - - men a
sae - culi a

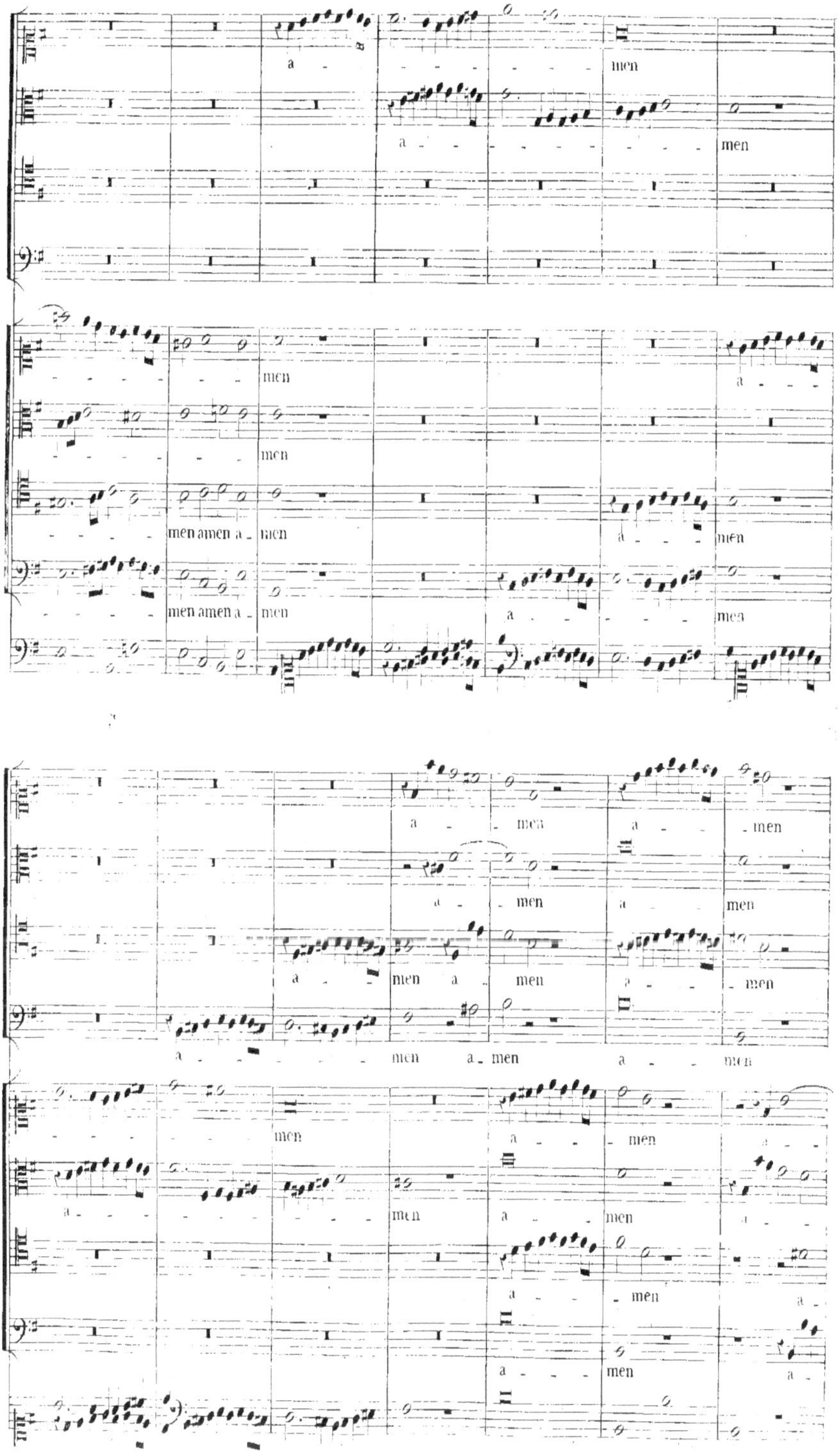

a
men
a
men
men
men
men amen a men
men amen a men
a men
a men
a men
a men a men
a men
men
a men
a men
a men
a men
a men
men
a men
a men
a
men
a men
a

a _ men
a _ men a _ men a _
a _ men a _ men a _
a _ men a _
_ men a _ men a _ men a _ men a _ men a _ men
_ men a _ men a _ men a _ men a _ men a _ men
_ men a _ men a _ men a _ men a _ men a _ men
_ men a _ _ men a _ men a _ men a _ men a _ men
_ men a _ men
_ men a _ men
_ men a _ men
_ men a _ men
Réponse idem.
a _ men et vi _
Sujet et contre-sujet renversés avec des changemens.
a _ men et vi _ tam ven _ tu _ ri sæ _ cu _ li a _ men a _
a _ men a _ _ men a _ _ men a _
a _ men

et vi tam ven tu ri sae cu
a men a men
tam ven tu ri sae cu li a men a
men a men a men a
men a men a men
et vi tam ven tu ri sae cu li a men a
men a men a men a men a
a men a mena men
men a men a men
men a men a
mena men a
a men a men a men a men
et vi

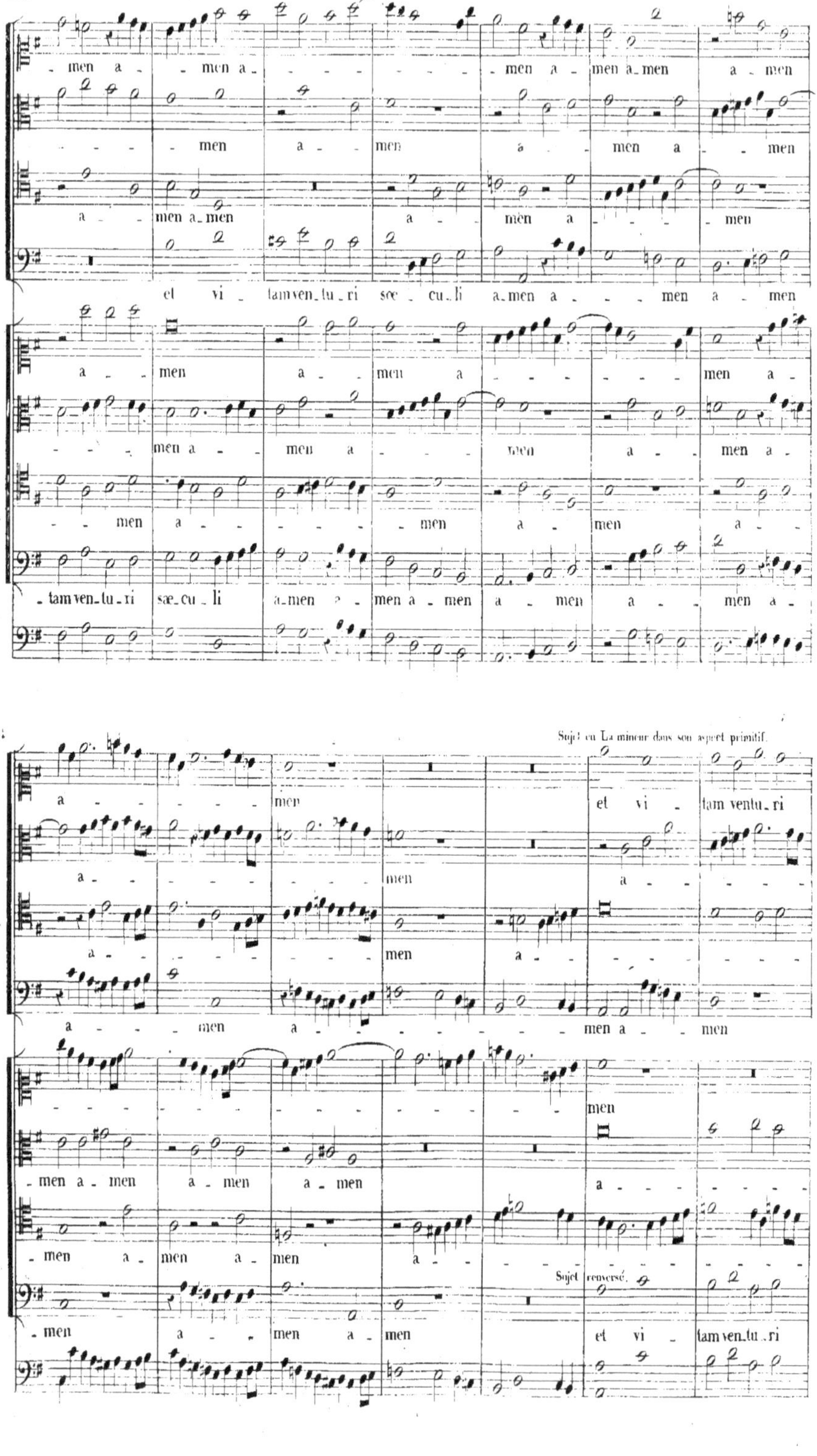

men a _ men a _ men a _ men a_men a _ men
_ men a _ men a _ men a _ men
a _ men a_men a _ men a _ men
et vi _ tam ven_tu_ri sæ _ cu_li a_men a _ _ men a _ men
a _ men a _ men a _ men a _
_ men a _ men a _ men a _ men a
_ men a _ _ men a _ men a _
_ tam ven_tu_ri sæ_cu_li a_men a_men a_men a _ men a _ _ men a _
Sujet en La mineur dans son aspect primitif.
a _ men et vi _ tam ventu_ri
a _ men a
a _ men a
a _ men a _ _ _ men a _ men
men
_ men a _ men a _ men a _ men a _ men a _ men a
_ men a _ men a _ men a
Sujet renversé. et vi _ tam ven_tu_ri

Divertissement qui module, et les deux
chœurs s'imitent alternativement.

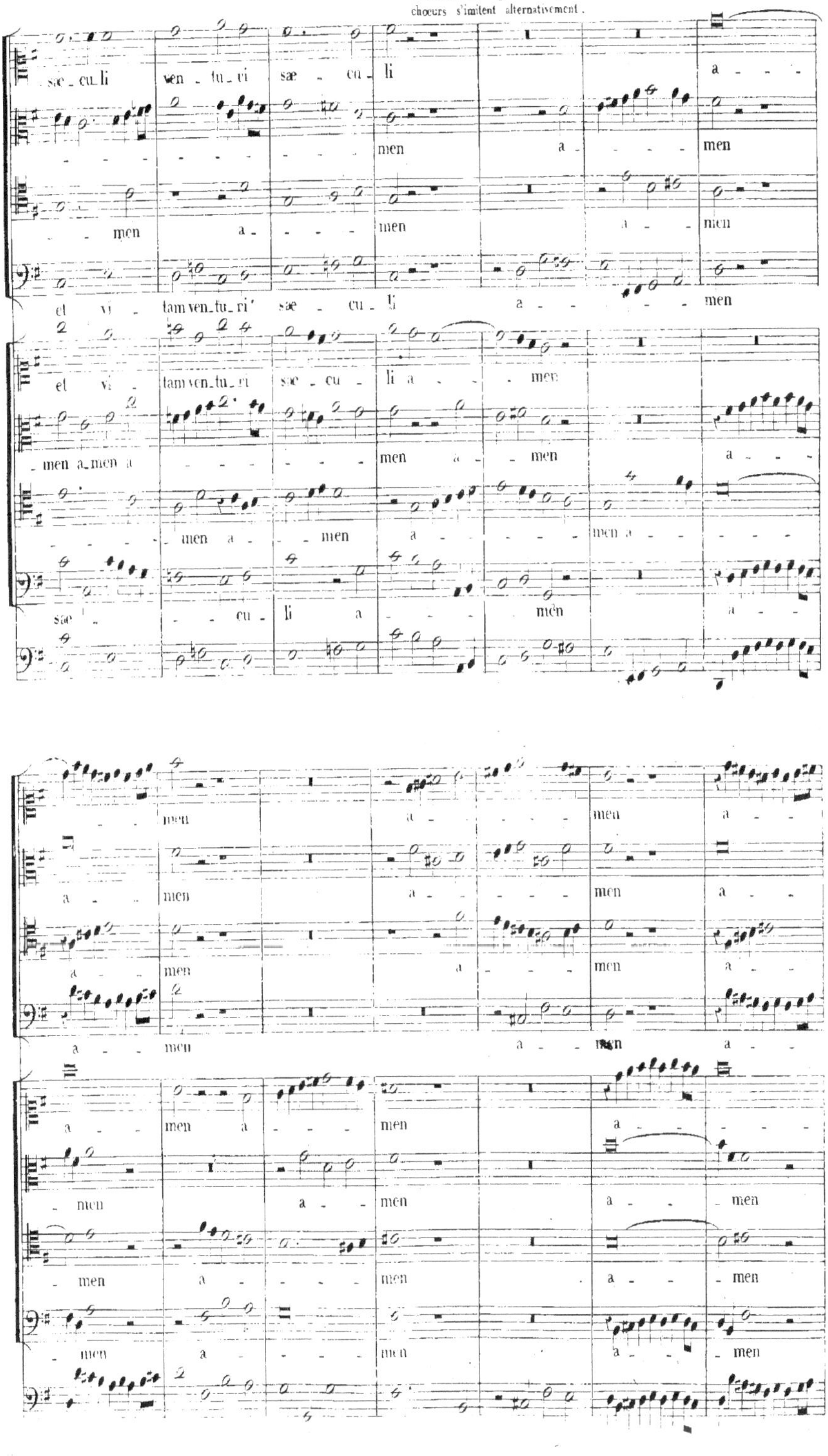

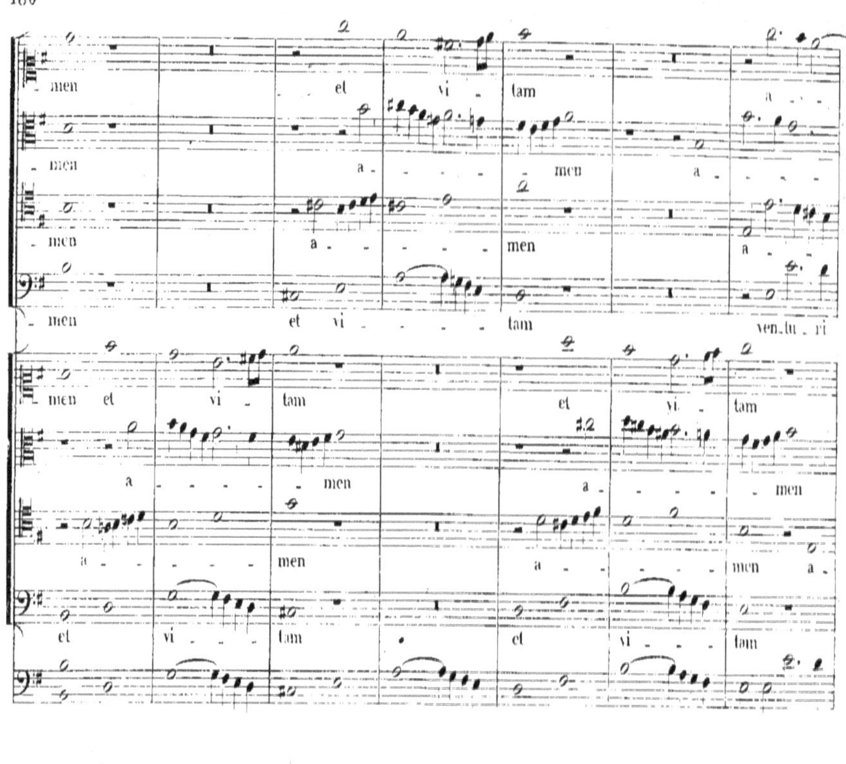

men
et vi - tam a -
men a - men a -
men a - men a
men et vi - - - tam ven tu - ri
men et vi - tam et vi - tam
a - men a - men
a - men a - men a -
et vi - tam et vi - - tam
men a - mena - men a - men a
men a - men a - men a - men a - men a - men
men a - men a - men a - men a -
saeculi a - men a - men a - men a
a - men a - mena - men a - men a
a - men a - men a - men amen a - men a - men
men a - men a - men a - men
ven tu - ri sae - cu - li a - men a - men a - men

men a _ men a _ _ men a _ men a
a _ men a _ _ men a _ men
_ men a _ _ men a _ men a
_ men et vi _ tam ven _ tu _ ri sae _ cu _ li a _
_ men a _ _ men a _
a _ men et vi _ tam ven _ tu _ ri
a _ men a _
a _ men men a _ men
men a _ men a _ men a _ men
_ men a _ men
men a _ men a _ men a _ men
a _ men a _ men a _ men a _ men
sae _ cu _ li a _ men a _ men a _ men
_ men a _ men a men a _ men a
a _ men a _ men a _ men a _ men
a _ men a _ men a _ men

Stretto.
men a men et vi tam ven-tu-ri sae-cu
a men a men et vi
men a men a men a men a
men a men
men a men
a men a men a
a men a men men a
li a men a men
tam ven-tu-ri sae-cu li a men a
men a
a mena men
a men a mena men
men a men a mena men
men a men a men
et vi tam ven-tu-ri sae-cu li a men
et vi tam ven-tu-ri sae-cu li

Stretto des 5es contre-sujets.
a _ _ _ men
_ men
a _ _ _ _ men
a _
a _ _ _
men
a _ _ _ men
a _ _ _ _ men
Idem.
a _ _ _ men
Marche diatonique par le sujet augmenté
men a _ men a _ men a _ men a _ men a _ men
men a men a _ men a _ men
_ men a _ men a _ men a _ men amen a _ men amen a _ _ _
et vi _ tam ven _ tu _ ri sae_cu_li a _ men a_men a _ _ men
et vi _ tam ven _ tu _ ri sae_cu_li a_men a _
a _ men a _ men a _ men a _ men a _ men a_men a _
a _ men a _ men a _ men a _ men a _ men a _
a _ _ men a_men a_men a men a _

Idem.
a _ men a _ men a _ men et
a _ men a _ men a _ men et vi
_ men a _ men a _ men a _ men a
a _ men a _ men a_men a _ men
_ men a _ men a_men, et vi _ tam ven_tu_ri sæ _ cu_li
_ men a _ men a _ men et vi _ tam ven _ tu _ ri sæ _ _ cu_li
_ men a_men a _ _ _ men
_ men
vi _ tam ven _ tu _ ri sæ _ cu_li a _ _ _ men a
tam ven_tu_ri sæ _ cu _ li a _ _ men a
_ _ _ men et vi _ tam ven_tu_ri sæ _ cu
a _ _ _ men et vi _ tam ven _ tu _ ri sæ_cu_
a _ _ _ men a _ _ men
a _ _ _ men
et vi _ tam ven _ tu _ ri sæ _ _ cu _ li a
et vi _ tam ven_tu_ri sæ _ cu _ li a _ _ _
Stretto plus rapproché.

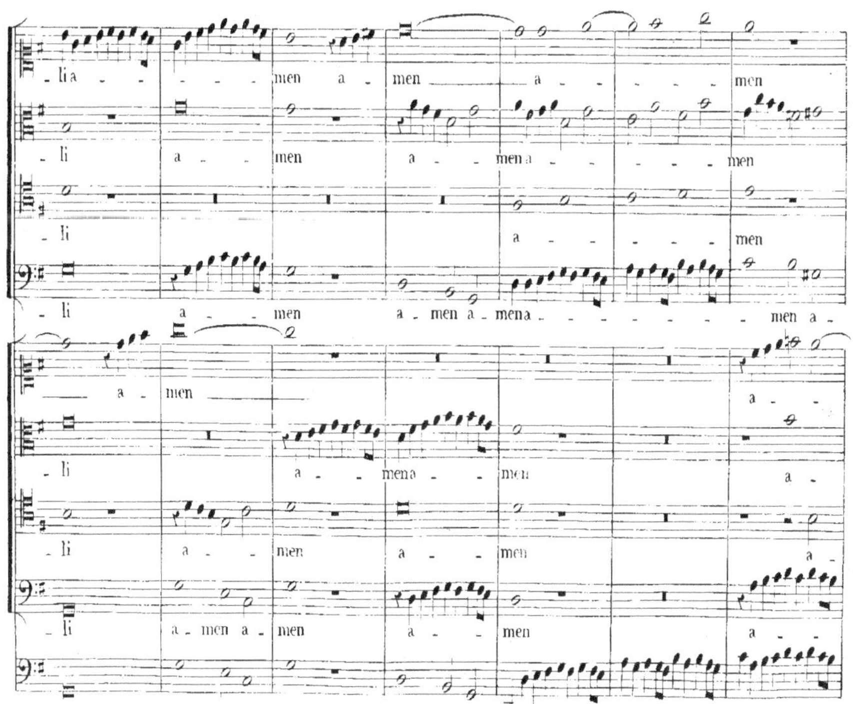
_ men et vi tam vi_tam ven _ tu _ ri sae _ cu_li sae _ cu _
_ men et vi _ tam ven _ tu _ ri ven _ tu _ ri sae _ cu _
_ li a _ men a _ men a _ men et vi_tam ven_tu _ ri ven_tu_ri sae _ cu
_ li a _ men a _ men a _ men vi _ tam ven_tu _ ri sae _ cu
et vi _ tam ven _ tu _ ri sae _ _ _ cu _ li
et vi _ tam ven _ tu _ ri sae _ _ _ cu _
_ men et vi _ tam ven _ tu _ ri sae _ cu _ li et vi _ tam ven_tu _ ri sae_cu _
_ men a _ men a _ men a _ men et vi _ tam ven_tu _ ri sae _ cu _
_ lia _ _ _ men a _ men _ a _ _ men
_ li a _ men a _ men a _ _ _ men
_ li a _ _ men
_ li a _ men a _ mena _ _ _ men a
a _ men
_ li a _ mena _ men a _
_ li a _ men a _ men a _
_ li a _ men a _ men a _ men a _

Pedale sur laquelle le stretto du sujet le plus rapproché se fait entendre, ainsi que que les contre-sujets.
et vi _ tam ven_tu_ri sae _ _ cu_li a _ men
_ men et vi _ tam ven tu _ ri ven_tu_ri sae _ cu_li a _ _ _
et vi _ tam ven_tu_ri sae _ _ cu _ li a _ men a_men a_
_ men a _ men a _ men
_ men et vi _ tam ven_tu _ ri sae _ cu _ li
_ men et vi _ tam ven_tu_ri sae_cu_li a _ men a _
_ men a _ men a _ men et vi _ tam ven _ tu _ ri sae_cu_li a men a _
_ men
Divertissement finale
a _ men a _ men a _ men a_men a _ men a _
_ men a _ _ men a _ _ men a _ men a_men a _ men
_ men a_men a _ men a _ _ men à _ men a _
a _ men a_men a _ men
a _ men a _ _ _ men a_men a _ men
_ men a _ men a _ me a_men a _ men a _
_ men a _ _ _ men a _ men a _ men a _
a _ men a_men a _ men

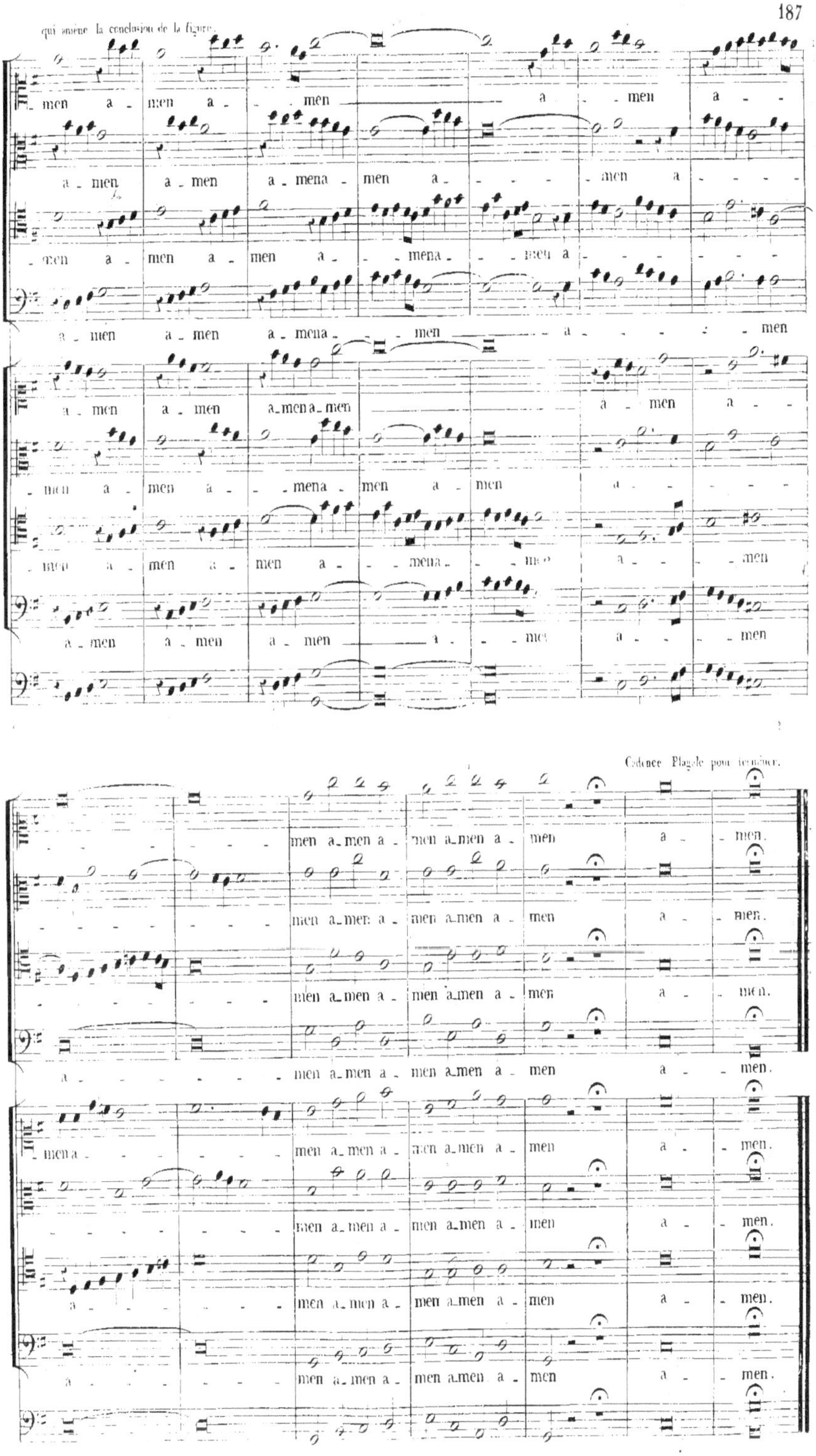
qui amène la conclusion de la figure.
men a _ men a _ . men a _ men a _
a _ men a _ men a _ mena _ men a _ men a
men a _ men a _ men a _ mena _ men a
a _ men a _ men a _ mena _ men a _ men
a _ men a _ men a _ men a _ men a
men a _ men a _ mena _ men a _ men a
men a _ men a _ men a _ mena _ men a _ men
a _ men a _ men a _ men a _ men a _ men
Cadence Plagale pour terminer.
men a _ men a _ men a _ men a _ men a _ men.
men a _ men a _ men a _ men a _ men a _ men.
men a _ men a _ men a _ men a _ men a _ men.
a _ men a _ men a _ men a _ men a _ men.
mena _ men a _ men a _ men a _ men a _ men a _ men.
men a _ men a _ men a _ men a _ men.
a _ men a _ men a _ men a _ men a _ men.
a _ men a _ men a _ men a _ men a _ men.

FUGUE RÉELLE à 8 PARTIES à 2 CHŒURS par JOSEPH SARTI.

Allegro moderato.

Partie ad libitum
Partie ad libitum.
Réponse au 2.º contre-sujet.
Sujet.
men a
men in glo_ria
a _ men in glo_ria De_i pa_tris a _ men a _ men a _
Cum sancto spi_ri_tu in glo_ria De_i pa
tu a
men
1.º Contre-sujet.
a
Réponse au sujet.
Cum sancto spi_ri_tu in glo_riaDe_i pa
tris
De_i pa_tris a
men
men in glo_ri_a De_i pa_
tris in glo_ria De_i pa_tris a _ men a _ men a _
Réponse au 1.er contre-sujet.
a
men
men a _ men a _ men
Partie ad libitum imitant une portion de la mélodie ci-devant proposée par le Contralto.
a
men a _ men a _
men a _

Portion du 1.er contre-sujet.
idem
Sujet.
a
men
a
cum sanc_to spi _ ri _ tu in glo _ ria De _ i pa
Imitation de la portion du 1.er contre-sujet ci-dessus.
_ tris
a
men
a _ men
_ men
a
men
Portion d'imitation serrée de la réponse. Partie ad libitum imitant une portion du sujet.
cum sanc _ to spi _ ri _ tu in glo _ ria De _ i
Reprise du sujet.
cum sancto spi _ ri _ tu in glo _ ria De _ i
Reprise tronquée.
_ men
cum sancto spi _ ri _ glo _ ria De _ i pa tris
_ men
cum sancto spi _ ri _ tu in glo _ ria De _ i pa _ tris a
Développement formé par une imitation du contre-sujet en accélérant pour revenir au ton principal où a lieu la réponse.
_ men
a
_ tris a _ men a _ en a men a men a
a _ men a men a me a _ men a
1.er Contre-sujet.
a
men
pa _ tris a _ men
pa _ tris
_ men a _ men
men a _ men

du sujet reprend à la dominante.
Portion du 2e Contre-sujet.
men a _ men
Portion du 1er contre-sujet.
in glo _ ria De _ i pa_tris
a
Partie ad libitum.
_ men
De _ i pa _ tris a _ _ men
_ men _ men
a _ men a _ men
Réponse à l'8ve de la dominante plus étendue.
Portion du 1er contre-sujet.
cum sancto spi_ri_tu in glo_ria De_i pa _
a
Réponse à la dominante mais tronquée.
_ men a _ men
cum sancto spi_ri_tu in glo_ria De_i pa _ tris
1er Contre-sujet.
a _
Portion du 2e contre-sujet.
in glo_ria De _ i pa_tris a _ men
Parties ad libitum.
a _ men a _ men
a _ men a _ men
a _ men a _ men
a _ men a _ men
Divertissement à l'instar du précédent qui en modulant s'arrête à la dominante.
Imitation du 1er Sujet.
tris a
a
men a_men
Partie ad libitum.
a_men a_men De _ a _

Divertissement dans lequel on emploie la réponse du sujet et la rentrée de celui-ci rapprochée de la réponse.

Divertissement répondant à l'autre par une imitation à l'unisson.

Imitation par mouvement contraire.
Artifices et imitations
men
a
men a men
a
men in glo ri a De i a
pa tris
a men a
men a men a men a men a
Le divertissement continue où l'on emploie une portion du contre-sujet par mouvement contraire.
a
men a men a men
a
men a men
in glo ri a De i pa tris
a men a men a men a men
par augmentation du 1.er contre-sujet modulant à la sous-dominante et revenant ensuite au ton principal.
Le divertissement continue
men
a
men
men
men
Imitation de l'artifice précédent laquelle s'arrête à la dominante.
a
a
a
men a
a
men a

Et une portion du 1.er contre-sujet imité et serré: ce divertissement en modulant va se reposer sur le ton de Fa # mode mineur.
men it - men a - men
a men a men
a men
a men a men
Imitations.
men a men a men
men a men a men
men a men a men
men a men a men
Stretto.
cum sancto spi - ri - tu in glo - ria De - i pa - tris
cum sancto spi - ri - tu in glo - ria De - i patris cum sancto spi - ri -
cum sancto spi - ri - tu in glo - ria De - i
cum sancto spi - ri - tu in glo - ria De - i patris
Portion du 1.er contre-sujet.
Imitation de ce renversement.
a men cum sancto spi - ri -
a men cum sancto
a
Sujet à peu près renversé.
cum sancto spi - ritu in

tu in gloria Dei pa tris a men a
pa tris a
Pedale.
a
tu in gloria Dei pa tris a
spi ritu in gloria Dei pa tris a
men a men
Pedale.
gloria Dei pa tris a
Conclusion.
men amen a men a men
men amen a men a men
men amen a men a men
men amen a men a men
men amen a men a men
men amen a men a men
men amen a men a men
men amen a men a men

CHANTS DONNÉS

ou

BASSES POUR SERVIR AUX LEÇONS DE CONTRE-POINT RIGOUREUX.

En UT.

15.
14.
Variante.
15.
En RÉ.
16.
17.
18.
19.
Variante du précédent.
20.
21.

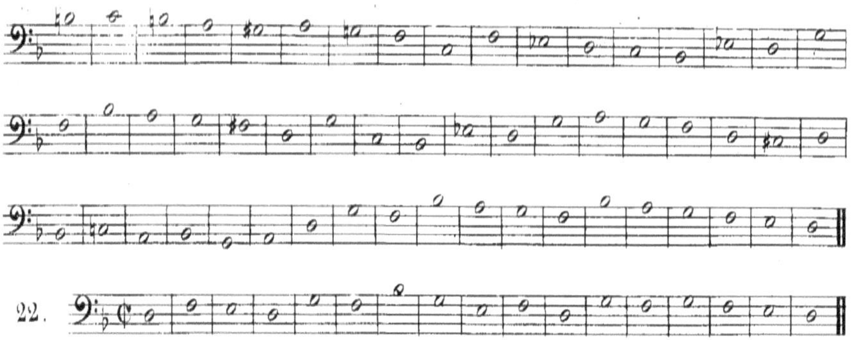

22.

En MI.

23.

24.

25.

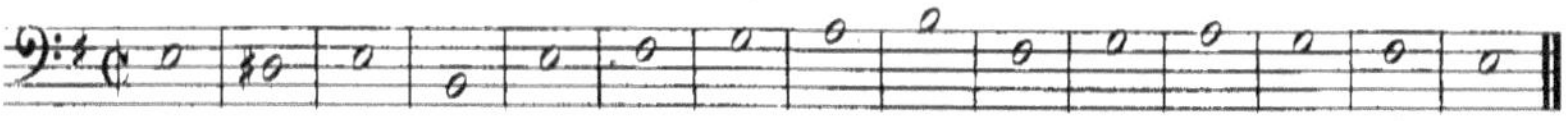

26.

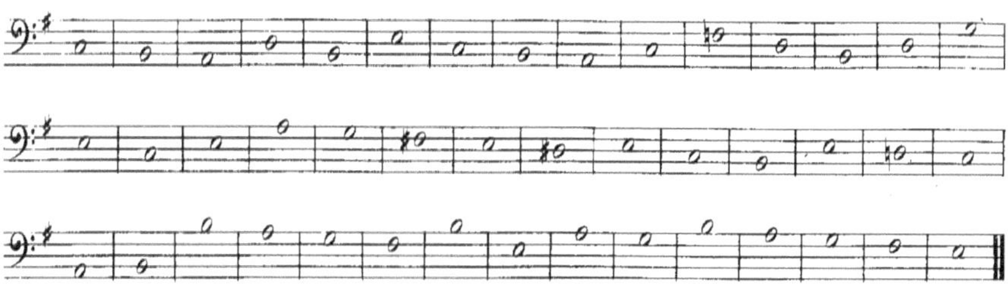

27.

En FA.

En SOL.

En LA.

47.

48.

49.

En SI.

50.

51.

52.

53.

BASSES POUR LE CONTRE-POINT À 8 PARTIES ET À DEUX CHŒURS.

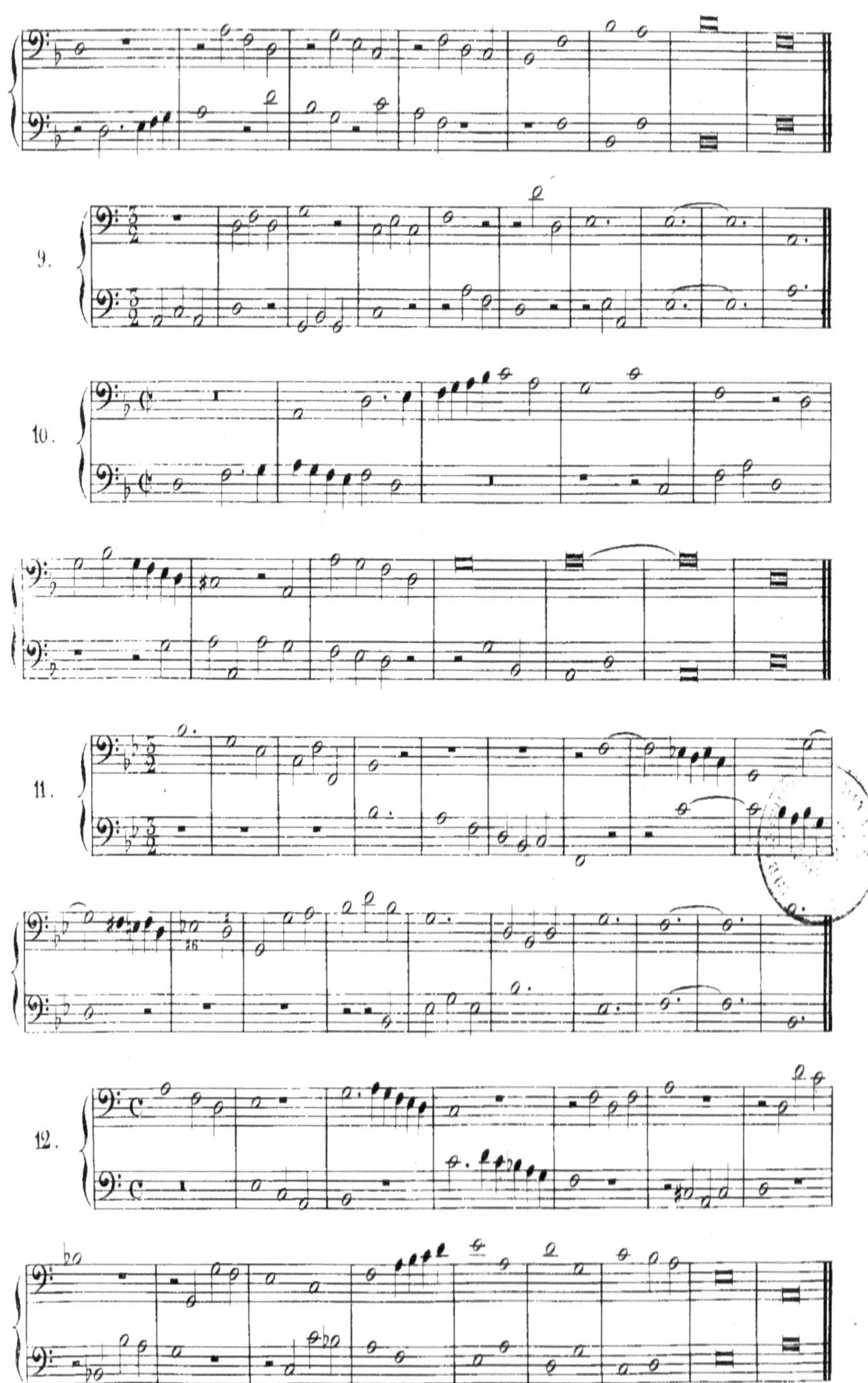

9.
10.
11.
12.